他人の人生を盗めば
アイデアは生まれる!

1日2400時間
吉良式 発想法

吉良俊彦＝著

プレジデント社

Thanks for your 24hours×100

私はこの方たちの人生から2400時間をもらいました。

(2004.4〜)

村上龍
中澤佑二
大阪芸術大学
日本女子大学
電通
エファップ・ジャポン
クーバー・コーチング・ジャパン
劇団四季
文化服装学院
東急エージェンシー
プレジデント社
山際淳司(故人)
永島昭浩
カネボウ化粧品&
佳麗宝化粧品中国有限公司
(Kanebo)
オアシス・渡辺和夫
ピーチ・ジョン&
上海ピーチ・ジョン
バリー・ジャパン
Dr.コパ
宣伝会議
ザ・ゴール
アサツー ディ・ケイ
日本雑誌広告協会
加藤久
三光パートナーズ
サンワード・コミュニケーションズ
ディーツー コミュニケーションズ
オリコム
テイクアンドギヴ・ニーズ

北京瑞麗雑誌社
アド・コム グループ
日本放送協会
講談社
ジョルジオ アルマーニ ジャパン
鍋田郁郎
アイ・アドバタイジング
デジタルガレージ
ベースボール・マガジン社
斎藤和弘

幻冬舎
KDDI
マガジンハウス
ジェミナイ・モバイル・テクノロジーズ
小学館
集英社
廣告社
ターギス
ILM
資生堂

三井物産
全国鉄道広告振興協
ジェイアール東日本企画
東京FM
中日アド企画
アド・ミュージアム東京
リクルート
小田急エージェンシー
FM802
WWDジャパン
マックアンドサンク
エスクジャパン
NTT-BJ
博報堂

オフィスコ
W-WIT
ボーイ
ワイワイル
プレジャー
P.D.NETWOR
ワールドキャラクター
アイトゥーン
中国軽工業出版社
マイク
ビー・ブレーブ
イオレ
オデッセイ コミュニケーションズ
takibi
TUGBOAT

NTT電話帳
JR東海エージェンシー
NKB
企画塾
クレオテック
ぶんか社
徳間書店
トータル・ワークアウト
グレンディニング・マネジメント・コンサルタンツ
ぴあデジタルコミュニケーションズ
大塚製薬
大久保清彦
王一鳴
TSUTAYA

神奈川新聞
タウン情報全国ネットワーク
鹿島アントラーズ
品濃ウィングス
かまくら春秋社
テレビ神奈川
上智大学WINX
九段高校イレブン会・同窓会
吉良family andすべての人た

出版に寄せて

電通時代の吉良俊彦氏は、「破壊する人」だった。彼が破壊するものは、まず世間に充満する嘘に満ちた「常識」であり、また情緒や人間関係だけで成立するビジネスの「慣習」であり、そして欺瞞だらけの「交渉術」などだった。クライアントや媒体に対して、彼は交渉するというより、戦いを挑んでいるようにわたしには見えた。そして、彼は常に勝利した。

吉良俊彦の戦いを支えたのは、間違いなく彼のコミュニケーションスキルである。だが、コミュニケーションスキルというビジネス用語は、使われる頻度が非常に多い割に、それがどういったものかという共通理解が希薄だ。人々はビジネスの現場で、その正確な意味を共有しないまま「コミュニケーションスキルの重要性や必要性」について話している。

吉良俊彦氏とわたしは、かってよく旅をした。90年のイタリアワールドカップや96年の欧州選手権など、サッカーを観戦する旅が多かった。しかしサッカーファンとしては吉良氏は不運な人で、観戦する試合がどういうわけか必ず0-0のドローで終わるのだ。当たり前だが、0-0のドローゲームというのはサッカーの試合としてもっともつまらない。「絶対に0-0で終わるのでもう吉良ちゃんとは一緒に試合見ないからね」などと、わたしは憎まれ口をたたいたりした。

だが、吉良氏といっしょにサッカーを見るのは楽しかった。彼は嘘のコミュニケーションとは無縁な人だからだ。楽しくないときに楽しいとは絶対に言わないし、面白くない試合や選手を「空気を読んで」ほめたりすることがない。

この本には、コミュニケーションの達人であり、しかも偽の人間関係を嫌い破壊する吉良氏の警句が詰まっている。コミュニケーションスキルの定義は非常にむずかしいが、わたしは「嘘の破壊」を加えたい。そして、それはまさに吉良俊彦氏が、電通時代からずっと実行してきたことでもある。

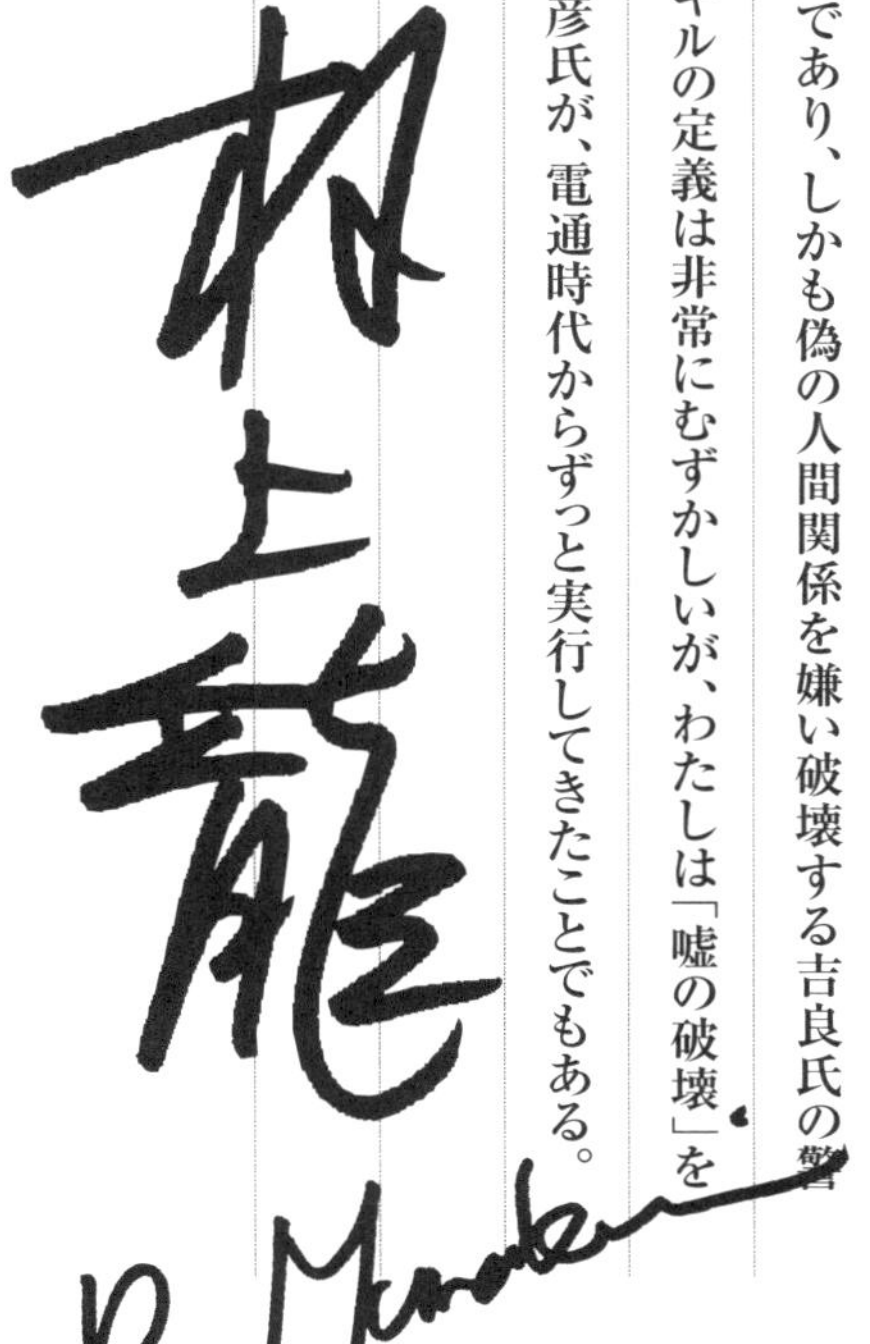

1日を2400時間にする13箇条

1
画一的な生活からの脱却

2
自分の常識が人の常識ではない

3
学ぶこと（知識力）の蓄積がないとアイデア（創造力）は生まれない

4
同一視点発想からチャネル変換型発想へ

5
5W1Hで考えよう。5W1Hは万国共通の状況設定語

6
自己評価をするな！　他人からの評価を素直に受け止める

7
「難しい言葉」は自尊心の表れ。だから「簡単な言葉」で話す

8
ポジティブシンキング

9
自分自身は何割バッター？（目標達成率の認識）

10
働かなければ失敗しない

11
自分の会社、学校、家族の悪口を言うな。それは自分に対しての悪口

12
上流に戻れ

13
仕事や学業のレベルは必ず上がっていく。だから難しいことにチャレンジ

INDEX

INDEX

INDEX

はじめに　「教学相長也」

一九九七年、私がまだ広告会社に勤めていたときのこと。会社の周年記念事業として、日中広告教育交流プロジェクトが発足した。これは簡単に言えば、会社が持っていた広告全般のノウハウを中国の学生たちに伝えようというものだ。その第一期に、私が派遣されることになった。しかし、当時の私はノウハウ、つまりｋｎｏｗ（知識）とｈｏｗ（方法）を教えるなんてことはあり得ないと思っていたので、上司にも「自分には向いていない」とはっきり言った。

しかし、上司に説き伏せられた私は、このプロジェクトのオリエンテーションに参加することになった。すると社長みずからが、このプロジェクトの意義について説明なさったのである。このとき社長がホワイトボードに書いたのが「教学相長也」という言葉だ。いわく「教学相長也の精神で行え」とのこと。その時点においては、私は、その言葉の意味の深さを理解してはいなかった。

そうして私は北京にある中国人民大学へと旅立った（教える相手は学生たちである）。ある程度の準備はしていたが、授業をするという経験がそれまではなかったので、とても十分とはいえない状態であった。要するに、教えるということへの理解がまだほとんどなかったのである。

中国人民大学は日本で言えば東京大学や京都大学に相当する大学で、中国全土から選び抜かれた学生たちが日々勉学に励んでいる場所だ。私の東大生および京大生に対するイメージは、大学に入ることが目的で、入ってからも熱心に勉強する学生ばかりとは言えないというようなものだった。ところが、彼らは違っていた。三五〇人収容の講義室をびっしりと埋め尽くし、立ち見の学生さえいた！　私は圧倒された。そのまま帰りたくなったくらいの、尋常ではない雰囲気が漂っていた。気後れするというのはこういうことなのだと痛感した。

そしていざ話し始めると、通訳が翻訳するやいなや数百人の学生たちが鉛筆でノートに書く音が講義室中に静かに響き出したのである。荘厳と言ってもいい音だった。戦慄《せんりつ》すら覚えた。彼らはエリートなのに、どうしてこんなにも熱心なのか。いや、彼らはエリートだからこそ、こんなにも熱心なのである。当時の、あるいは現在の日本の学生たちは、学ぼうとするパッションが彼らほどあるだろうか……答えは明解である。

彼らは皆、見えない未来へ立ち向かおうとしていた。そんな態度を表現しうる言葉を、私は一つしか知らない。大志だ。彼らには大志があった。明治時代に札幌農学校（現・北海道大学）の教頭に赴任したウィリアム・スミス・クラークの言葉を思い出すのは私だけではないだろう。あの頃の日本の学生たちには、私が出会った中国の学生たちのような大志があったはずだ。戦後の日本も、大志を持った人々が大勢いたからこそ復興を成し遂げられた。大志ある学生たちと、全く不十分な準備しかしなかった私。私は本当に自分が情けなく、みっともなかった。

このとき彼らに教えられたのが「教学相長也」という言葉の意味だ。これは「教えるということは学ぶことであり、教える人間と学ぶ人間はともに成長していく」ということである。その後、私は依頼された補講を喜んで引き受けた。三〇人ほどと聞いていたのに、講義室には受講していた大半の学生が残っていた！　こんなことがいまの日本であるだろうか。まさに感動のときであった。

帰国した私は「教学相長也」を座右の銘として、教育に力を入れ始めた。社会人に対してのコーチングとしては、電通グループのザ・ゴールやディーツーコミュニケーションズ、東急エージェンシー、三光パートナーズ、オリコムなどの広告会社や日本・中国の様々な一般企業、さらには大阪芸術大学、日本女子大学、文化服装学院などの大学や専門学校、エファップ・ジャポンや宣伝会議などの教養講座、そしてスポーツ（特にサッカー）関連としてはクーバー・コーチング・ジャパンや地元横浜の少年サッカークラブである品濃ウィングスなどで、子供から大人まで幅広く発想の重要性を教えている。というよりも、教えながら数々のことを学んでいる。

私は自分がさまざまな人に教えてきたことをいつか本にしたいと思っていた。ようやくその夢が実現し、本書は出版されることとなった。

できるなら、あらゆる学部・学科の学生から広告会社をはじめとするあらゆる社会人、芸術に関わっている人、また特にサッカーをはじめとするスポーツを行っている人、教えている人、子供を持つ保護者の方々に是非読んでいただきたいと思っている。

一九九七年の中国での経験がなければ、本書は構想すら存在していなかっただろう。あの経験は当時においても私に衝撃をもたらしたが、現在から振り返ってみると、より大きな意味を持つ。まぎれもなく私のターニングポイントだったのである。

序 章
知らないことはすばらしいことである

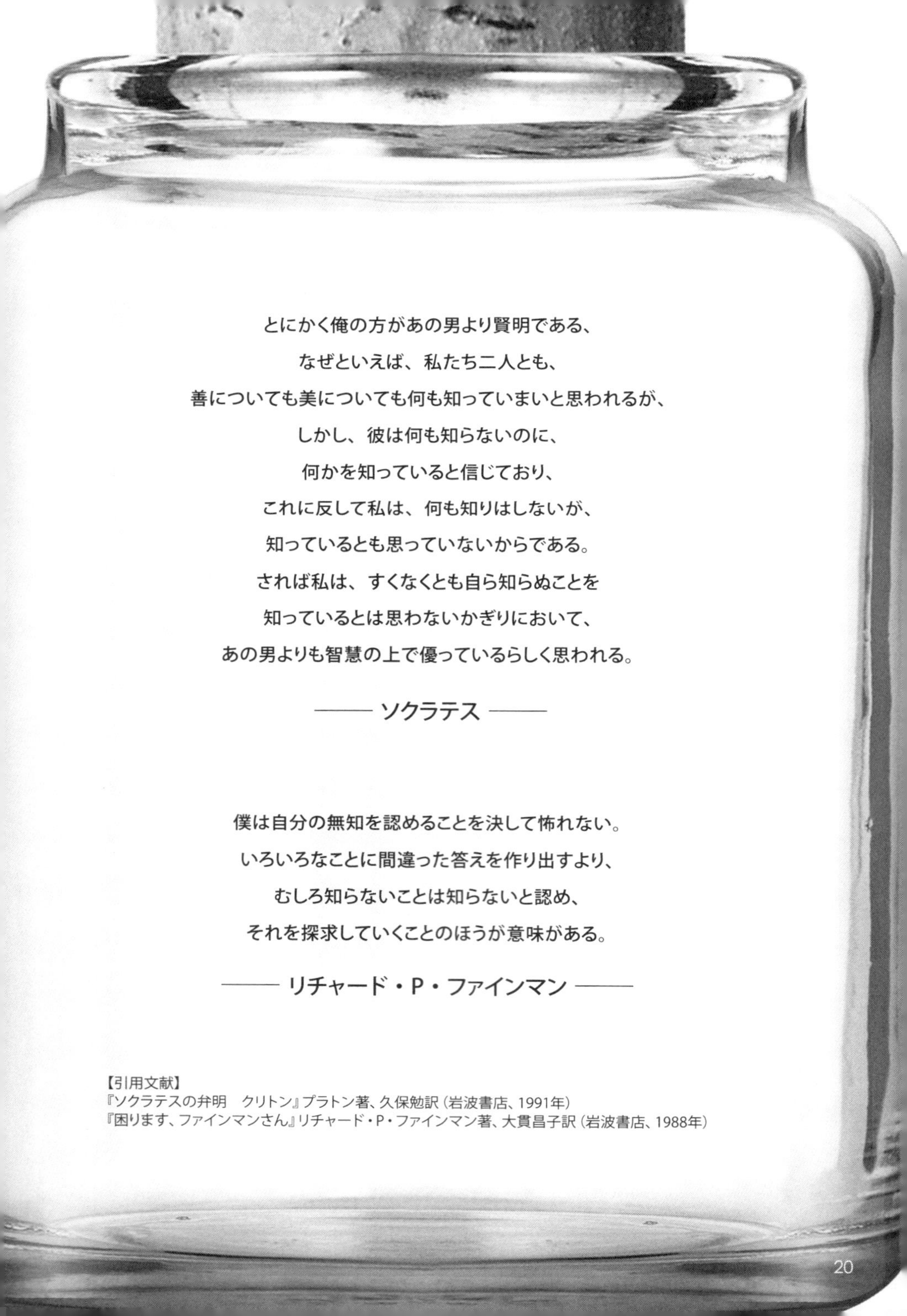

とにかく俺の方があの男より賢明である、
なぜといえば、私たち二人とも、
善についても美についても何も知っていまいと思われるが、
しかし、彼は何も知らないのに、
何かを知っていると信じており、
これに反して私は、何も知りはしないが、
知っているとも思っていないからである。
されば私は、すくなくとも自ら知らぬことを
知っているとは思わないかぎりにおいて、
あの男よりも智慧の上で優っているらしく思われる。

―――― ソクラテス ――――

僕は自分の無知を認めることを決して怖れない。
いろいろなことに間違った答えを作り出すより、
むしろ知らないことは知らないと認め、
それを探求していくことのほうが意味がある。

―――― リチャード・P・ファインマン ――――

【引用文献】
『ソクラテスの弁明　クリトン』プラトン著、久保勉訳（岩波書店、1991年）
『困ります、ファインマンさん』リチャード・P・ファインマン著、大貫昌子訳（岩波書店、1988年）

「新しい」ってなんだろうか。

これは誰もが日常的に使っている言葉だが、いったい何を意味しているのか。この質問に答えられなくとも、ぼんやりとでもいいので想像してみてもらいたい。あなたが「新しい」に対して未来や最先端というイメージを浮かべたならば、私はそれが間違っているとは言わないまでも、それでは「新しい」のすべてを語れてはいないことを指摘することができる。実は、「新しい」の大部分は、過去に存在するのである。

何か知らないことがあるとしよう。その状況に対する態度は三つある。一つ目は放置であり、知らないことを知らないままにしておく。二つ目は知ったかぶりであり、知らないことをあたかも知っているかのようにふるまう。三つ目は調べることであり、知らないことを知ろうとする。さて、この中で最も優れた態度はどれだろう。答えは簡単、三つ目だ。

知らないことを知るというのは、発見するということである。発見とはつまり、新しいことを見つけるという意味にほかならない。ここでキーワードが出てきたが、では、知らないことというのは過去、現在、未来のうちどこにあるだろうか。未来ではないのは確かだ。なぜなら、私たちはどうあがいても未来を知ることができない。私たちは未来というものをパターンから予測することしかできないのである。例えば、あなたが本書をこのまま読み進めていってくれるであろうということを私が予想してい

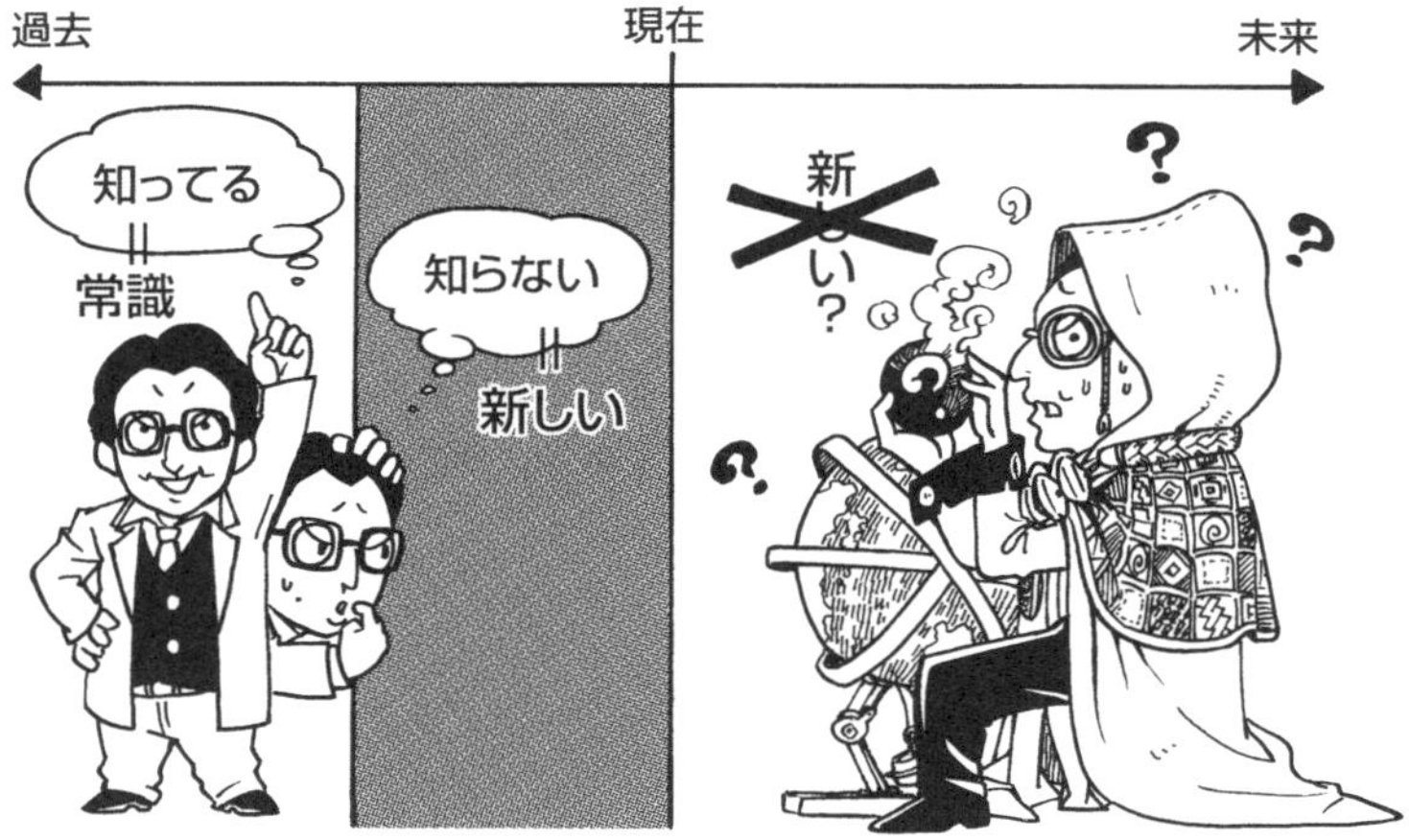

るのは、あなたが実際に本書をここまで読み進めてきたというパターンが存在するからにすぎない。もし今この瞬間にあなたの携帯電話が鳴れば、読書は中断されてしまう。予測は覆され得るわけだ。だが、知らないことは知ろうとすれば知ることができる。つまり、知らないことは過去にあるということだ。

これによって、「新しい」は過去に存在するということが示された。よって、過去に存在する知らないことこそが新しいことなのである。だが、少し待ってほしい。過去といってもどれくらい過去であればいいのか。私はより現在に近い過去にこそ一つの「新しい」が存在すると考えている。英語のｌａｔｅｓｔ（遅いという意味のｌａｔｅの最上級で、最新の意）という言葉がまさにそれを教えてくれる。

また、現在から遠い過去には常識のゾーンがある。

常識は知っておかねばならない。それゆえに知らなさすぎることは恥ずかしいことになるわけだ。知らないことを放置していてはいけないし、知ったかぶりをするなんていうのはもってのほかである。

しかしながら、たった今示した「新しい」はすべての人に共有されるものだ。ということは、共有されない、すなわち、あなただけの「新しい」もある。どれほど過去の物事であれ、あなたが知らないことを知ったとき、それは「新しい」。だから、知らないことは新しいことであり、すばらしいことなのである。今まで名前も聞いたことのなかった古典を読んだときに感じる新しさ、公開と同時に映画を観たときの新しさ。どちらも同じように新しい。あるいは温故知新という言葉があるように、過去を学べば新しさを得られる。ｌａｔｅｓｔと温故知新、これら二種類の「新しい」をぜひ使い分けてもらいたい。

私は企業での講演や大学での授業を始める際、最初に何を話すか、すなわちオープニングトークがとても重要だと考えている。だから、どんなときも、私は自分自身にとって最も新しいことを話そうと努力している。残念ながら、本というメディアの場合はどうしても最新であり続けることはできない。しかし、いつの時代になっても読者が新しさを感じられるように、細心の注意を払うことはできよう。

この最も新しいことを冒頭で話す「オープニングトーク」が誰よりうまいのが、フリーアナウンサーの小倉智昭氏である。彼は自身がメインキャスターを務める朝の番組の冒頭で、毎日違う、内容の新しい話をする。しかも彼は番組中に口癖のように「知らなかった」と連呼する。彼がけっして知ったかぶりをしていない証拠だ。オープニングトークにしても、きちんと調べてから生放送の番組に臨んでいるはずだ。また、彼はただ座って調べるだけでなく、足も使ってさまざまな場所へ行き、人の知らない、あるいは自分にとっても初めてのことを体験している。そしてそれを自分にとっても最新の事柄として話す。それゆえに、彼のオープニングトークは日本一、いや世界一なのである。

冒頭に引用した古代ギリシャの大哲学者ソクラテスの言明は、「無知の知」として知られている。これは要するに「私は何も知らないが、自分が何も知らないことを知っている」と無知を認める比類なき優れた言葉である。同じく物理学者のリチャード・P・ファインマンの言葉にしても、無知を認めることに言及している。二人の偉大な人物がこれほどすばらしいことを言っているのだから、知ったかぶりがいかにみっともないかおわかりだろう。「そんなことも知らないのか」という私が最も嫌う言葉を誰かからかけられても気にすることはない。あなたは知らないことを知らないこととして受け入れて、そして知ろうとすればいいのである。ただし、「知らなすぎ」にはくれぐれも注意してほしい。

第1章
基礎力の上のパッション

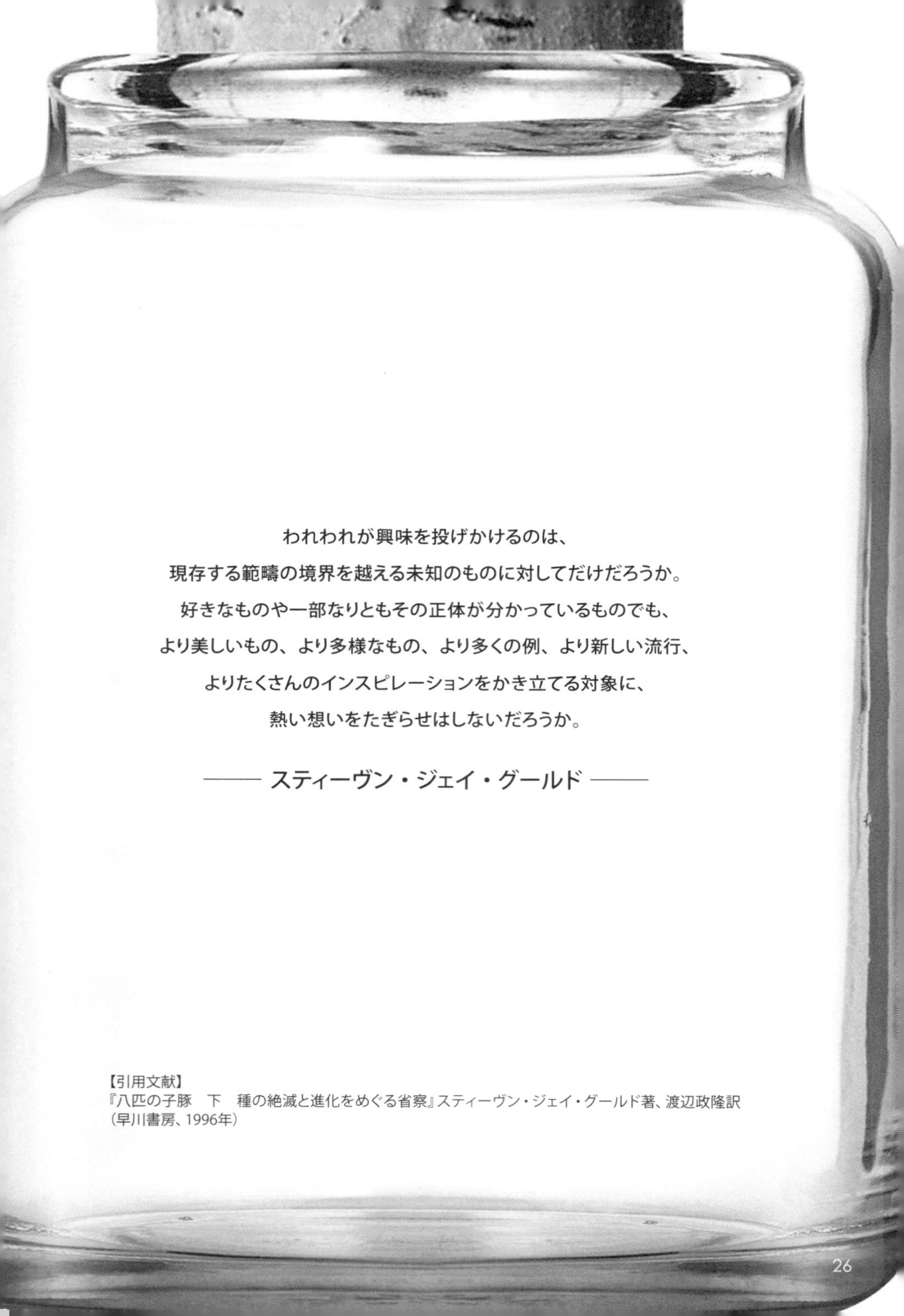

われわれが興味を投げかけるのは、
現存する範疇の境界を越える未知のものに対してだけだろうか。
好きなものや一部なりともその正体が分かっているものでも、
より美しいもの、より多様なもの、より多くの例、より新しい流行、
よりたくさんのインスピレーションをかき立てる対象に、
熱い想いをたぎらせはしないだろうか。

―― スティーヴン・ジェイ・グールド ――

【引用文献】
『八匹の子豚　下　種の絶滅と進化をめぐる省察』スティーヴン・ジェイ・グールド著、渡辺政隆訳
（早川書房、1996年）

「オリンピックとＦＩＦＡワールドカップの根本的な違い」とは何だろうか。

私が再び質問から始めたのは気まぐれではなく、二つの理由がある。どちらの理由も前章と本章に共通するものだ。一つは読者の意識を喚起させるためのアテンション、もう一つはよく知っていて疑問など感じない物事にも実は重要なことが含まれていることを示すためである。答え合わせはすぐあとでする。ただし、私は少なくともオリンピックの日本招致に関わったすべての人には必ずこの問いに答えてもらいたいと思うし、答えられない人がいてはいけないとも思っている。

さて、前章で明らかにしたように、歴史的な事柄は私たちにいろいろなことを教えてくれ、新しさを感じさせてくれる。

本章を執筆しているのは二〇〇九年から二〇一〇年にかけてである。だから、二〇一六年の夏季オリンピック開催地決定という二〇〇九年の出来事は、私には新しいニュースとして存在している。もし本書が一〇年後に読まれたとして、本書の内容のすべてが過去のものとなり、古くさいものとして扱われるだろうか。当然その可能性はある。だが、私はそうならないよう配慮して慎重に執筆していくつもりである。どんな事柄を扱うとしても、うまい具合に一般化して教訓を引き出しておけば、いつの時代の人にとっても未来へ向かうために有用なものとして読んでもらえるのではないだろうか。そんな期待を込めて、私はあえて時事的な出来事を思いきって最初の例として用いたい。

まずは事実を述べていこう。二〇〇九年に行われた夏季オリンピック開催地の選考では、シカゴ、東京、マドリード、リオ・デ・ジャネイロが最終選考に残った。この四都市が最終プレゼンテーションを行ったわけだが、その様子がＮＨＫで生中継された。私は偶然その放送を見る機会に恵まれた（とおおげさに言ってみても、実際にはたまたま深夜に帰宅してテレビをつけたら放送されていただけである）。各都市のプレゼンテーションのあと、投票が行われ、まずシカゴが落選し、次に東京が落選した。私の予測では東京、マドリードと順に落選し、シカゴとリオ・デ・ジャネイロの一騎打ちになるはずだった。ところが、現実にはマドリードとリオ・デ・ジャネイロの一騎打ち。そして、リオ・デ・ジャネイロが選ばれ、南アメリカで初めてオリンピックが開催されることとなった。

東京がプレゼンテーションを行う際、首相である鳩山由紀夫氏が演説をした。シカゴのときには大統領のバラク・オバマ氏である。だが、その両国は真っ先に落選してしまった。私はこう感じたものだ――もはや大都市だからといって通用する時代ではなくなった。東京とシカゴは大都市としてのおごりにあふれていた。両都市はオリンピックを開催するだけの十分な経済力があり、インフラストラクチャーや関連施設の建設にも大きな問題はなかった。治安も悪くない。そんな東京とシカゴが落選したのである。このことは一般化するときにとても大切になる。それにしても、就任から一年と経っていないにもかかわらず、オバマ氏の影響力がこうも弱まったということには度肝を抜かれた。大統領就任前後のあの世界的な大騒ぎがまさに夢の跡のように思えた。これはアメリカという大国の影響力が衰えていることの証拠だろう。それに、鳩山氏とオバマ氏両者の登場は、私には取ってつけたようにしか見えなかった（本人たちに全く責任はないが）。

ここで「オリンピックとＦＩＦＡワールドカップの根本的な違いとは何か」という冒頭の質問に立ち返りたいところだが、一つ訂正しておかなければならない。私はこの質問に重要なことが含まれていると述べた。しかし、それは基礎的であるからこそ重要なのである。ぜひ「基礎的」のほうに力点を置いてほしい。基礎的なことを身につけている人、すなわち基礎力のある人は、オリンピックが都市開催であり、ＦＩＦＡワールドカップが国家開催であると答えられる。むろん答えられなくても悔しがる必要はない。次からは答えられるのだから。これをたいそうなことではないと考えるのは間違いだ。すべてが一つの都市で行われるのと国全体で行われるのとでは、規模も盛り上がりもまるで異なるのだから。

これら二つの事柄を組み合わせると、あることがわかる。つまり、東京は日本の、シカゴはアメリカの助力を受けられなかったのである。マドリードとリオ・デ・ジャネイロは明らかに国家を挙げて開催を後押ししていた。東京とシカゴはそうではなかった。そんなことは私たち自身の気持ちを考えればすぐ理解できる。東京が落選して、あなたは死ぬほど悔しかっただろうか。大阪の人は？　北海道の人は？　鹿児島の人は？　もっと言ってしまえば、東京の人は？　皆、悔しかったのだろうか。

残念ながら、神奈川に自宅のある私も含めて、大多数の日本人にとって今回のことは他人事だったのである。とある関係者が「負けてよかった」と発言したが、立候補しておいてそんなことを言うなんて私にはとても信じられない。アメリカも同様だ。けれども、マドリードとリオ・デ・ジャネイロは違った。国家と都市が一致団結し、全国民が全力で応援していた。実際に両都市とも支持率は八割を超えていた。国家と都市がイコールの関係になっていた。東京とシカゴは、国家とはノットイコールだった。これが最終選考まで残った都市と落選した都市の最大の差である。マドリードとリオ・デ・ジャネイロには招致への情熱、すなわち燃えたぎるようなパッションがあった。立候補する以上は必ず勝つ――この気持ちなくして選ばれるはずがない。パッションは何をするにおいても大事なものだ。東京にもシカゴにも、一部の人にはパッションがあったかもしれない。だが、一部だけでは駄目なのである。

では、私はなぜシカゴを最終選考に残ると考えたのか。それにはもちろん理由がある。これは基礎的なマーケティングである。二〇〇〇年がシドニーオリンピック（オーストラリア）で、二〇〇四年がアテネオリンピック（ギリシャ）であったことが思い出されるだろう。二〇〇八年は北京（中国）、二〇一二年はロンドン（イギリス）である。そして二〇〇九年に二〇一六年の開催都市を選ぼうとしていた。

地球上からまんべんなく開催地を選ぶとするならば、北アメリカは絶好のチャンスだった（一九九六年がアトランタオリンピック）。おまけにあのオバマ氏の存在がある。こういった理由があったからこそ、私はシカゴを上位に残した。しかし、大陸初開催でしかも国家と都市と国民が一つになっていたリオ・デ・ジャネイロには及ぶまいと考えていた。大陸で初めて、という触れ込みはやはり強力だ。

そして東京が選ばれるはずがなかった理由もここにある。なんといっても二〇〇八年の北京が印象に残りすぎている。開催されるのは二〇一六年だが、選考するのは北京の翌年の二〇〇九年なのである。アジアで開催されたという直前の印象が残り、投票に影響が出るというこのような効果をアナウンス効果と呼ぶ。マドリードもこの視点で見れば明らかに不利だ。二〇〇四年と二〇一二年のヨーロッパ開催がわかっているのに、またしてもヨーロッパの都市を選ぶだろうか。おそらくヨーロッパの国はマドリードに投票しなかっただろう。二〇一六年にもヨーロッパで開催されたら、次に開催されるのがいつになるかわかったものではない。果たしてこういったマーケティングを東京がしっかりしていたかどうか、私にははなはだ疑問である。

もうすでにおわかりのはずだと思うが、これらのことから導き出されることを一般化してみよう。私が導き出したい教訓はたった二言――「基礎の上に成り立つパッションがすべてを決する」「枕詞に会社名や役職を言う時代は終わった」。パッションだけではいけない。基礎力がなくては空回りするばかり。基礎力とはつまり、マーケティングのことだ。会社名や役職というのは大国や大都市のネームバリューに当たる。アメリカだから選ばれるのではないように、大企業や一流大学だから選ばれるのではない。

この教訓は仕事に通じている。魂の企画は基礎力の上にパッションを積み重ねることで出来上がる。「自分はこれをやりたいんだ！」と強く訴えずして、相手の心を動かすことはできない。逆に言えば、マーケティングとパッションがあれば会社の規模は関係ない。大企業に中小企業は勝てるのである。

パッションは相手に伝染する。まるでウイルスのようにじわじわと広まり、いつしか自分の企画に携わるすべての人が同じ熱意を持って仕事に取り組むようになる。そこまでいかなかったとしても、共感を得ることはできるだろう。あなたもリオ・デ・ジャネイロになれるわけだ。もしかしたらマドリードかもしれない。私はどちらか明言しないでおく。当選するか落選するか、それはあなたが決めることだ。

形だけ整えた企画に魂はない。仏作って魂入れず、というわけだ。魂を入れるにはパッションを持って取り組むしかない。魂がこもってさえいれば形は多少不細工でもかまわない。誰だって、パッションを持った人や会社、国家と仕事がしたいのである。私もまた、本書をぜひパッションのある人、パッションを持ちたいと思っている人に読んでもらいたい。そして少しでも力になれれば、幸いである。

第2章
新コミュニケーション論

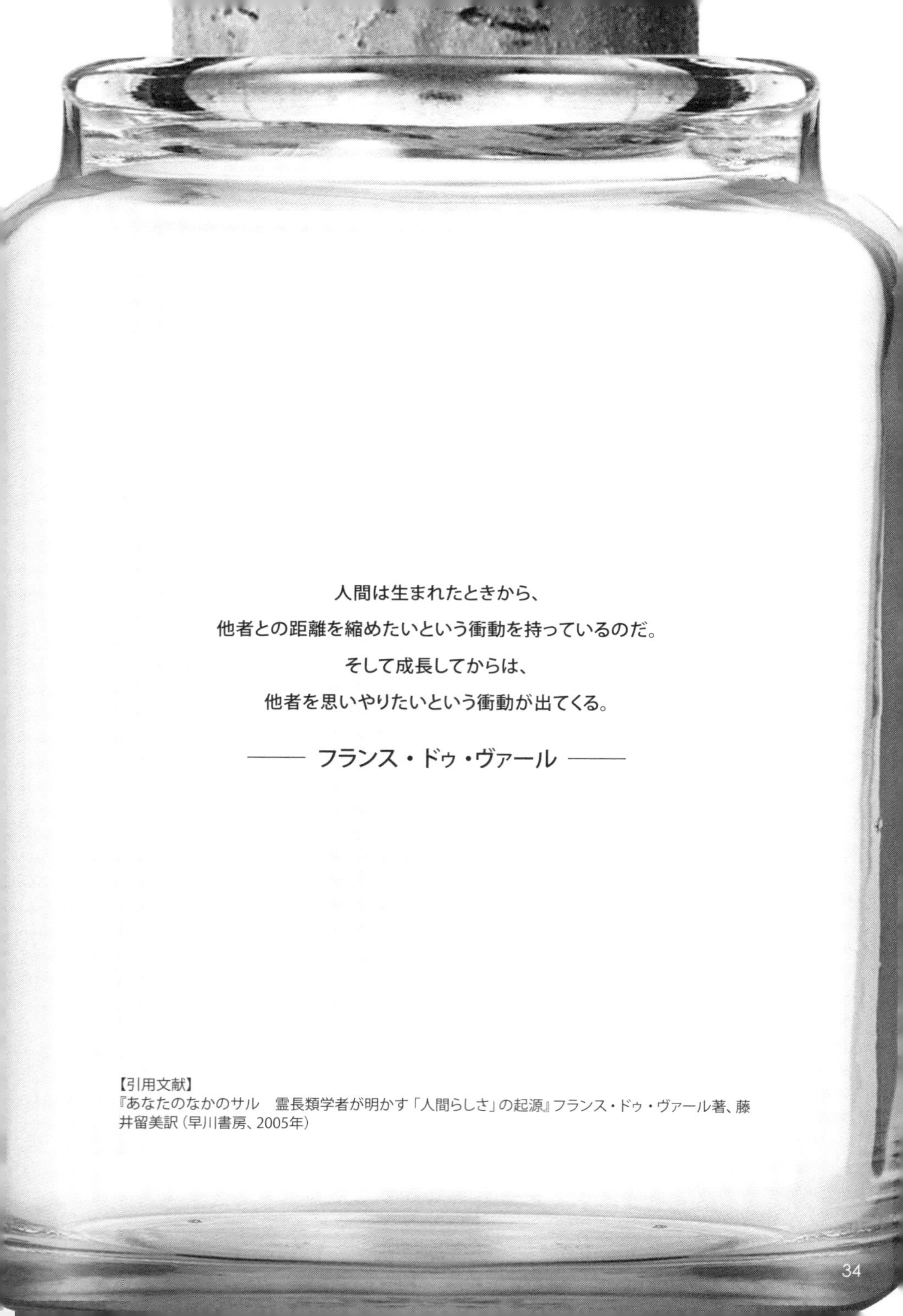

人間は生まれたときから、
他者との距離を縮めたいという衝動を持っているのだ。
そして成長してからは、
他者を思いやりたいという衝動が出てくる。

―― フランス・ドゥ・ヴァール ――

【引用文献】
『あなたのなかのサル　霊長類学者が明かす「人間らしさ」の起源』フランス・ドゥ・ヴァール著、藤井留美訳（早川書房、2005年）

本章は「新コミュニケーション論」がテーマである。発想法の本だと銘打っておきながら、なぜコミュニケーションなのか。それには二つの理由がある。一つは私が読者の皆さんとコミュニケーションをしようとしているということ。もう一つは次章で明らかにする。

本章では、私自身が考えるコミュニケーションを（厳密ではないとはいえ）定義し、読者の「皆さん」ではなく、読者の「あなた」に語りかけられるようにしたい。そのためにも、発想法を学ぶ前に、コミュニケーションについて意識の改革を行ってもらいたいのである。

みんなが苦手

私は現在、大阪芸術大学の学生を相手にメディアや発想法の授業を行っている。また、広告会社や一般企業でも講演をしている。本書で採用するアンケート結果のほとんどが受講者を対象にしたものであるため、多少の偏りがあるかもしれない。皆さんにはそんな偏りに目をつむっていただき、アンケート結果のエッセンスに注目してほしい。ただし、本節では話を進めやすくするため、提示するアンケート結果は講義や講演でアンケートを取ったときの平均的かつおおよそのパーセンテージであることを断っておく（信憑性については保証する）。

さて、皆さんはコミュニケーション力といえば何を思い浮かべるだろうか。聞く力？　書く力？　読む力？　話す力？　まあ、ほかにも、行動する力などたくさんあるだろう。だが、あまり多すぎると話を進めにくくなるので、この四つに絞って考えていこう。

講義や講演で、私はコミュニケーションの話をするとき、必ずこんな質問をする。

「この四つのコミュニケーション力のうち、自分が最も優れていると思う能力は？」

皆さんにもぜひこの場で答えていただきたい。

聞く力に挙手する人はだいたい三〇パーセントくらいいる。書く力が二〇パーセント、読む力が四五パーセント、そして話す力は五パーセントいれば多いほうだ。プレゼンテーションを仕事とする広告会社でも、「話す力」については、このパーセンテージを上回ることはほとんどない。つまり、話す力に優れていると考える人は一握りである。

なぜ彼ら彼女らは話すことが苦手だと考えているのだろう。これは私の講義や講演を聴いた人に特有なのか。そうではないはずだ。察するに、日本における小学校、中学校、高校での授業に一因があるのかもしれない。聞く力、書く力、読む力は受験に必要な能力だ。だから、小中高（特に高校）ではこれら三つの能力については教えてもらえる。しかし、話す力はどうだろうか。私自身の経験からいうと、話し方をきちんと教えてもらった覚えはない。受験には話す力が必要ないからだ。ところが、高校、大学を卒業して社会に出るとき、突然そこで問われるのが「話す力」のコミュニケーション。まさに入社試

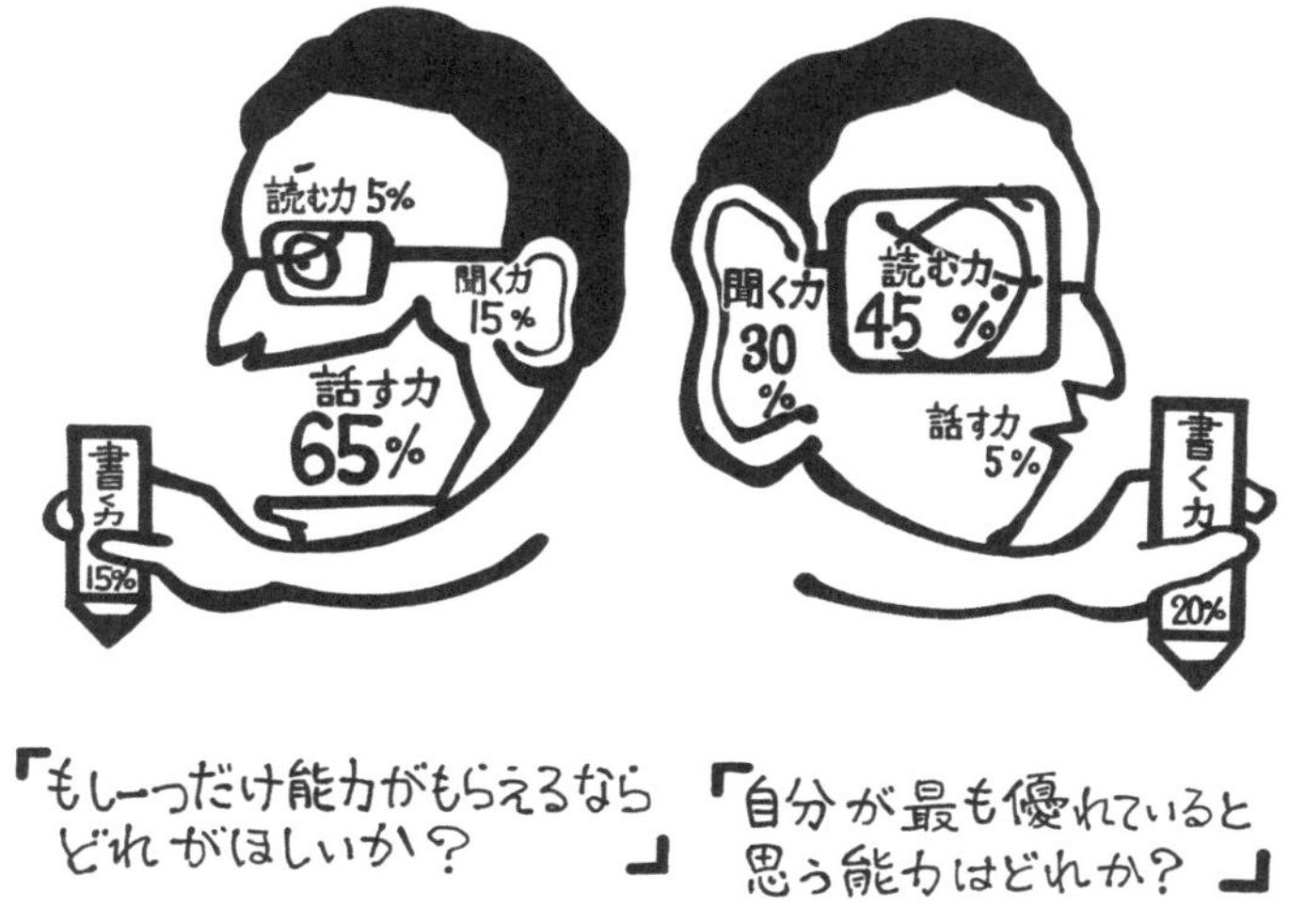

験での面接試験である。ここで数多くの人が「話す」コミュニケーションに悩み始める。学生も社会人も同じだ。

そのために、コミュニケーション力って何だ、どうやって身につけたらいいんだ、と改めて考えることになる。企業がいうコミュニケーション力とは話す力を意味するケースが多い。聞く力、書く力、読む力は大前提で、そのうえで話す力を求めているわけだ。企業、あるいは社会は、天性のコミュニケーション力を求めているのでは全くない。それは向上させることができるからこそ、頑張ろうとしている人を採用したいのである。

私が自分自身のコミュニケーション論について書こうと思ったのは、いわゆる「コミュニケーション力」にまつわる誤解というか曲解というか、本末転倒の言葉を会社員時代に耳にしたことに起因する。ある社員が「コミュニケーション力がなくて悩んでいる」と言った。何を言っているのかと。コミュニケーション力というのはあるとかないとかいうものではない。それがなくて、彼はいったいこれまでどうやって生きてきたのだろう。現に彼は私と話をしていた最中にそう言ったのである。コミュニケーション力のない人はまずいない。ボールを蹴る力、要はキック力のない人がいないのと同じだ。どんなに非力な人でも、ボールを蹴って少しくらいは前に飛ばすことはできる。

私は前述のアンケートのほかに、もう一つのアンケートを行うことにしている。

「もし一つだけ能力がもらえるならどれがほしいか」

聞く力が一五パーセント、書く力が一五パーセント、読む力が五パーセント、話す力が六五パーセント。誤差はたいてい数パーセント以内に収まる。

これら二つのアンケートの結果からどんなことがわかるだろうか。考えるまでもなく、実に明瞭な結果が出ている。そう、日本人はほとんどみんな、話すことが苦手なのである。

つまり、話すコミュニケーションで悩んでいるのはほぼ全員。自分だけ勝手に悩んでいたってしょうがない。なればこそ、みんなが苦手なのだと腹をくくり、うじうじするのはやめて前を向き、相手の目を見ようではないか。あなたが苦手なら、相手も苦手。みんな苦手。こう考えるだけで、ずいぶんと気が楽になったのではないだろうか。

コミュニケーションの起源

私自身、一般的にコミュニケーションといわれたとき、それは話す力を求められていると考えている。もちろん先に述べたようにそれだけではないが、最重要視しているのは事実だ。この考えを補強するために、コミュニケーションの起源を考えてみよう。

そもそもコミュニケーションとは何なのか。手近の辞書で調べてみると、意思の疎通や伝達とある。まあそれが正解だ。しかし、今回は別の方向から見てみよう。人間ではなく、人間以外の動物におけるコミュニケーションを参考にして。

例えばイルカは超音波を利用して仲間たちとコミュニケーションを図っている。一説には超音波で人間が行うような会話らしい会話をしているという。

ゾウは遠くの仲間に低周波を出して何かしらを伝えることがあるらしい。あの長い鼻で子供や群れの仲間を撫でることもあるだろう。触れ合いというのはまさしくコミュニケーションである。人間もまた、誰かに触れ合うことを重要なコミュニケーションだと見なしている。

チンパンジーはグルーミング（毛を撫でたり虫を取ったりする毛づくろいのこと）をする。群れの仲間

チンパンジーの
グルーミング
あー
気持ちえええ…
また
虫おった
汚ねぇな
おめえ

同士、お互いに体に触り合って良好な関係を保つのである。地位が低い個体が高い個体に服従の意思を示すためにグルーミングをすることもある。しかし、チンパンジーは別の群れの個体にはひどく攻撃的だ。

アリはどうだろう。アリは餌のありかや敵の接近などを仲間に知らせるとき、音や触覚での接触を組み合わせることもあるが、主に体中の腺から化学物質を出してそのにおいをコミュニケーションに使う。人間社会が言葉で成り立つように、アリ社会はにおいで成り立っている。同じ巣の仲間かどうかもにおいで確認し合う。

動物界では、コミュニケーションの実例は枚挙に暇がない。人間もそのうちの一例にすぎないのは確かだ。しかし、人間のコミュニケーションが最も複雑で多様だというのは誰もが認めることである。今はその起源を探ろうとしているわけだが、さて、何かヒントが見つかっただろうか。

私が挙げた動物たちの特徴をよく考えてみてほしい。そう、私は群れや社会をつくる動物を挙げた。つまり、コミュニケーションは群れ動物、社会性動物にとって不可欠なものだということだ。単独性の動物――例えば鳥類の多くは交配の相手を見つけるとき、（たいてい雄が）さえずったり美しい羽を見せたりして異性にアピールする。これもコミュニケーションの一つだが、社会を成しているとまではいえない。

ここでは、人間の近縁にあるチンパンジーを取り上げてみる。人間とチンパンジーは五〇〇万年前とも七〇〇万年前ともいわれる昔、共通の祖先からそれぞれ独自の進化を辿り始めた。生息地域を分かった当初はどちらの群れもだいたい一二〇頭くらいだっただろうか。それくらいの数ならば、グルーミングで十分間に合う。ほかにコミュニケーションの手段はいらなかった。現在のチンパンジーの群れはこの前後を維持しているが、人類の群れはどんどん数を増していった。一〇〇人にもなればお互いにグルーミングをしているだけで一日が終わってしまったことだろう。そうなれば餌を探すことができず、絶滅してしまう。

人類はなおも群れを大きくし、やがてグルーミングだけでは円滑に生活を営んでいけなくなった。そ

拳と拳のコミュニケーション

こで登場したのがコミュニケーションの新兵器、言葉である。言葉を話すことがグルーミングに取って代わったわけだ。そしてだんだんと複雑な言葉を作り出していき、脳が肥大化し（脳が先か言葉が先かは議論が分かれているが）、文明を起こし、現代社会へとつながっていった。

コミュニケーションとは

現代社会に至るまでに、人間はさまざまなコミュニケーションを発明してきた。「話す」ことはもちろん、その裏側には「聞く」ことがある。「描く」こともそうだし、「書く」こともそうだ。あるいは「殴る」こともコミュニケーションだろう――ライバルとは殴り合ったあとにこそ友情が生まれるものだ。父と子はキャッチボールで通じ合えるし、アイコンタクトで意思疎通できるならそれもコミュニケーションだ。

ともかくたくさんある。そんな中で、私はやはり話すことが最も大切なコミュニケーションだと考える。最初期に生まれ、今なおあらゆるコミュニケーションの中で必要不可欠なものだからだ。

それにもかかわらず、日本人はなぜそんなにも話すことが苦手なのだろう。こうなると教育云々だけではない、何か別の要因があるようにすら思えてくる。しかしながら、学生同士や友人同士で話すこと、つまり"おしゃべり"にはなんら支障がないようだ。苦手どころか、もっと喋りたいという意思さえ感じられる。ところがどっこい、私が講義中に受講者に発言させようとすると途端に声が小さくなり、大勢の前で話させようとすると緊張してしどろもどろになる。

これは単に経験不足というほかない。となると、教育問題に立ち返ってしまう。私は教育論を振りかざしたいのではないし、それにはあまり意味がない。コミュニケーションというものが実際にどういうものなのか、どういう性質のものなのかを提示したいのである。

今こそ、新コミュニケーション論のお披露目といこう。

コミュニケーション努力

何より大事なことは、相手がいなければどんなコミュニケーションも成立しないということだ。話すコミュニケーションには必ず相手がいるのだと、まずははっきり認識する必要がある。そうでないと、相手の話を聞かずに一人でべらべら喋ってしまい、結果、嫌われてしまう。現に嫌われる人というのは相手のことを考えず自分の話や自慢話、武勇伝ばかり語る人ではないだろうか。会話のキャッチボールとは実に的を射た表現だ。なので、少しこの表現を借りることにしよう。

キャッチボールの目的を「できるだけ確実に相手にボールを渡す」と設定する。そのためにはどうすればいいか。プロ野球選手同士ならば何十メートルと離れていても相手にうまくボールを投げ渡すことができるだろうし、キャッチするのも問題ないだろう。しかし、私たちはそうはいかない。私自身はサッカーをやっているのでボールを蹴るのは自信があるものの、投げるのは不安だ。距離もそんなに出ないだろう。

ではどうするか。自分と相手、お互いに一歩近づいてみるのである。それで支障なくキャッチボールができるならばいい。けれど、私はまだまだ投げるのが下手で、しかも返ってくるボールが速かったり高かったりすると落球してしまう。

ここでふと、遠投の訓練をして技術を高めようかとか、キャッチングの練習をしようかと考える。ちょっと待ってほしい。そんなことをしなくても、もう一歩近づいてみてはどうか。それでも駄目なら、また一歩。それでも駄目なら——。

スト…
1歩近づく!!!
よっ
ヒョイッ!!
パシッ
ナイス父さん!!

アキレスと亀

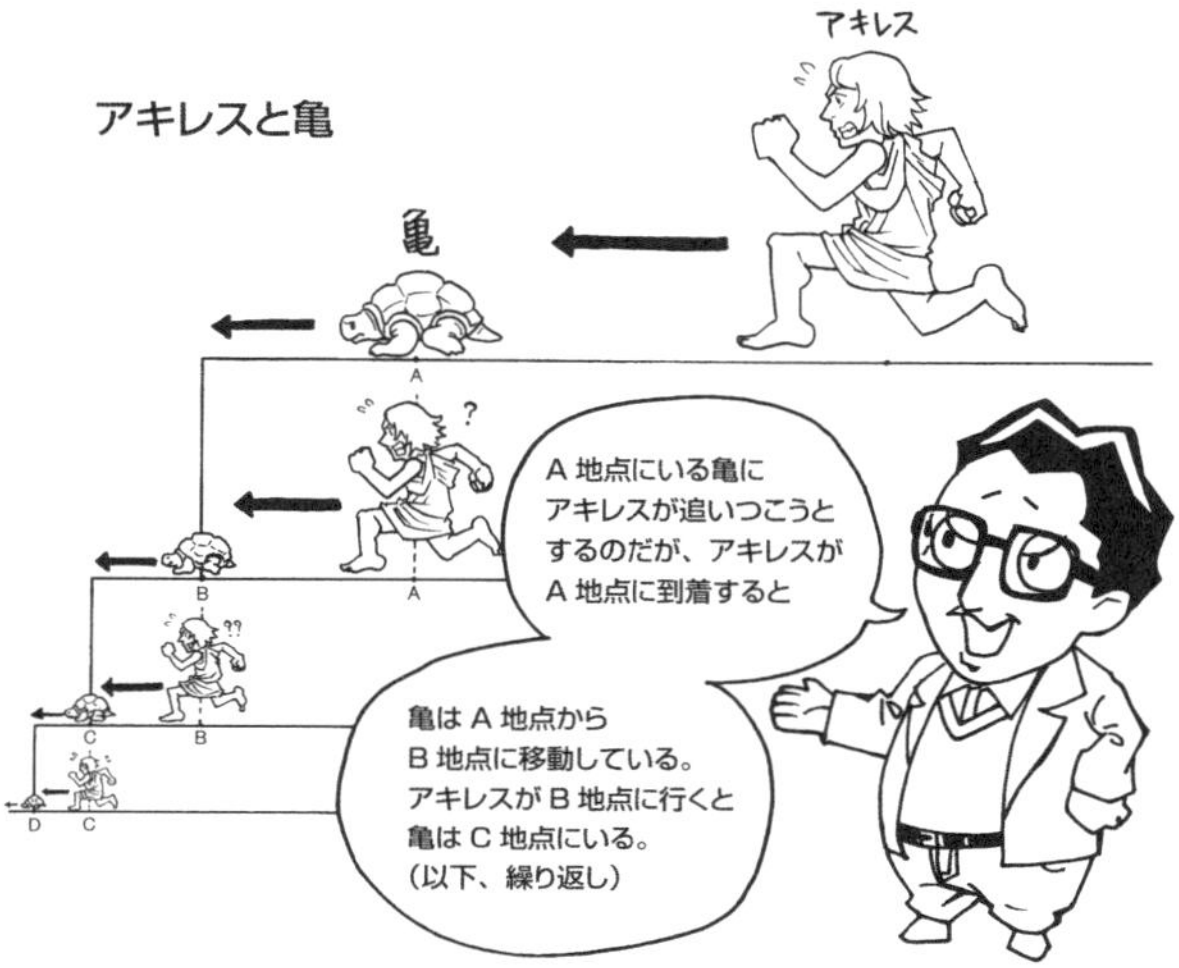
アキレス
亀
A
B
C
D
A 地点にいる亀にアキレスが追いつこうとするのだが、アキレスがA 地点に到着すると
亀は A 地点からB 地点に移動している。アキレスが B 地点に行くと亀は C 地点にいる。（以下、繰り返し）

いささか変な例えになってしまった気もするが、つまり私が言いたいのは、コミュニケーションとは自分と相手の心の距離を近づけようと努力することなのである。

誰かとコミュニケーションしようというとき、それは自分から近づいていくことにほかならない。一日で一歩近づけるとすれば、一〇日で一〇歩。だが、相手も一歩近づいてくれれば、一〇日で二〇歩近づくことになる。高校の物理の授業で相対速度という概念を教わったと思うが、まさにそれだ。同じ速度であれば、追い越していく車よりも、向かってくる車のほうが必ず速い。

逆に相手が一歩逃げれば、こちらは一歩以上の速さで近づかない限り永遠に追いつけない。なんとなく『アキレスと亀』のパラドックスが思い出される

（Ａ地点にいる亀にアキレスが追いつこうとするのだが、アキレスがＡ地点に到着すると亀はＡ地点からＢ地点に移動している。アキレスがＢ地点へ行くと亀はＣ地点にいる——以下繰り返し）。当然、現実にはそういうことも多々あるだろう。自分は近づこうとしているのに、相手が逃げる一方でこちらを向いてくれない。それでも追い続けていくうち、あるときを境に相手が立ち止まることもある。すると少しだけ距離が縮まる。相手がこちらに向いて歩き出してくれたら、距離はもっと縮まる。二倍の速さ、いや、それ以上かもしれない。趣味が共通していることがわかったり、何か同じ経験をしたり（映画では生死を分かつピンチを乗りきった男女はだいたい結ばれる）、相手が自分の好意に気づいてくれたり。相手がこちらを向いてくれた瞬間、そのときほどうれしいことはない。私が人とコミュニケーションするのは、第一にそこに喜びを見出しているからだ。お互いに近づき合えば、あっという間に仲よくなれる。

水を差すようなことを言うが、忠告をしておきたい。どんな相手とも、絶対にくっつきすぎてはいけない。心も体も。そんな状態でキャッチボールができるだろうか。確かにボールを手渡しすれば確実に渡せるだろう。しかし、私はそんなキャッチボールを面白いとは思わない。何か実りがあるとも思えない。

私は学生たちにともかくべたべたくっつき合う恋愛はするなと口を酸っぱくして言っている。授業中は隣同士に座り、歩くときは手をつないで、服はおそろいにして、一日中その人と行動をともにする——学校は学ぶ場であって遊ぶ場ではないし、子供を信じて大学に通わせている親の立場からも、この行動はありえない！　ナンセンスもはなはだしい。とりわけ私はファッションの仕事をすることが多く、ペアルックやペアナントカというものは基本的に好ましいとは思っていない。何事もくっつきすぎ、かつ同化するのはよくないと考えているからだ。なぜなら、何かの拍子でそれが崩れたら、一気に離れていってしまうことを知っているからである。あんなに仲のよかった二人がどうして……というわけだ。

一般的なコミュニケーション論では、このくっつき合うことが前提にされており、人と人が出会った瞬間にはもうくっついていて、どうやって親しくなっていくのか、会話を弾ませるのかということに重点が置かれているように思う。最近夫婦仲がよくなくて、という場合も、夫婦だからという理由だけでくっつき合っていると考えるから間違いなのである。それは心の距離が離れてしまっていると考えなければならない。だから、いきなり仲を温めようとしても失敗しがちでうまくいかない。自分と相手の心は今どれくらい離れているのだろうか、と自問し、その距離に応じた対策をすべきだろう。

学生の恋愛は、とかくくっつき合おうとしがちだ。友達同士でもそうだ。授業は本来一人で受けるものであって、そこには友達の存在は影響しないはずだ。マジック・ジョンソンも言っているように（第3章参照）あなたを怠惰に巻き込もうとする人間とはさよならすべきだ。そういった類の人間は、あなたにぜひとも落ちぶれてほしいと願っている。なぜなら、その人自身が落ちぶれており、夢もなく、努力もしていないからだ。そんな連中と付き合って、あなたにプラスになることはほとんどない。これは学生にだけ当てはまることではない。社会でも同じだ。

結局自分。これが重要だ。その恋人や友達はあなたを死ぬまで養ってくれるのだろうか。あなたの夢を叶えてくれるのだろうか。そんなはずはない。あなた自身が努力しなければならない。あなたが努力するために、誰かとくっつく必要はない。でも、コミュニケーションはしよう。つかず離れずの距離にいてくれる友達や、あなたを伸ばしてくれる恋人なら、何も問題はない。中心は、そう、自分なのである。それを忘れてはいけない。

コミュニケーションがうまい人というのは、自分から相手との心の距離を縮めていくことのできる人をいうのだろう。そういう人の存在に気づいたら、奥手なあなたもちょっとだけ近づいてみるといい。自分が近づく分に、相手が近づいてきてくれる分を足しただけ、心の距離は縮まるのだから。

では、どうすればコミュニケーション力がつくのだろうか。簡単だ。小さな一歩でいいから、相手に近づこうとすればいい。それは朝の短いあいさつかもしれないし、何かしらの気遣いかもしれない。それが難しいんだよ、という気持ちはよくわかる。だが、今しがた述べたように、相手も苦手なのである。相手もあいさつするのに戸惑っている。そう考えれば、ほら、明日あの人にあいさつしてみようという気になるのでは？　そのとき、もしかしたら相手はあいさつを返してくれないかもしれない。それなら明後日もあいさつしてみればいい。相手が少し近づいてくれたとき、あいさつが返ってくるだろう。

最初の一歩は確かに勇気がいる。相手も同じだ。あいさつから始めて、少しずつ会話を増やして、そのうち何か一つのきっかけが距離を一気に縮めるかもしれない。あなたがきっかけをほしがっているのと同様に、相手もきっかけをほしがっている。だから、質問すればいい。何が好きなのかとか趣味は何かとか。心と心が向かい合った瞬間が訪れれば、あとは一気にコミュニケーションが広がっていく。

つまり、話すコミュニケーションとは、話すためのコミュニケーション努力をすることだということができる。

これが私の新コミュニケーション論である。当初の目的の一つは、おそらく果たせただろう。私はあなたに語りかけている。あなたはきっと振り向いてくれて、積極的にこの本を読もうと思ってくれたはず。だとするならば、この本を読み始めたときのあなたより、今のあなたのほうが私との心の距離が近づいたということになる。私はもちろんあなたに向かっているから、私とあなたの間には明らかにコミュニケーションが成立し始めているのである。

コラム

たった一つのいいところ

学生のときは気の合わない人間とは付き合わないということが可能だった。しかし、職場ではそうは言っていられない。職場では「仲よし」で固まらなくても仕事はできる。社会は個人の「個」で生きる世界なのである。だが、いくら個人で生きるといっても、他人とのコミュニケーションがうまくいかなければいい仕事はできない。

コミュニケーションで大事なのは、相手に好意を抱くことである。好意的に接せられてうれしくない人などいない。あなたが少しでも好意を持って相手の話を聞くなり相槌を打つなりすれば、相手も少なからずあなたに好意を抱いてくれるはずだ。好意を抱くことが難しいのであれば、興味を持つこと。「この人なんか嫌だなぁ」と思ったら、自分はその人のどういうところが嫌なのかということに興味を持とう。そうすればどう接すればいいのかわかるかもしれないし、自分もそういうところがあると反省して相手とわかり合えるかもしれない。

職場においては、事務的なことや誤発注などの失敗よりも、コミュニケーション自体がトラブルになることもしばしばだ。チームの連携がうまくいかない、同僚や部下との意思疎通ができない――こういったことの原因はコミュニケーションにある。

コラム

例えばチームでの仕事。ある人とうまくいかないだけで、仕事の進行が停滞する。二人の不和がチーム全体の空気を悪くする。そうなるとほかの人とも連携がうまくいかなくなり、悪循環に陥ってしまう。そういった困った状況が続けば上司への連絡も滞るかもしれない。上司は部下たちの状況を把握していないのに、仕事だけが勝手に動いていく（はたまた全く動かない）。当然これではいい仕事ができるわけがない。では、どんなコミュニケーションを行えばいいのだろうか。

とにもかくにも、まずはコミュニケーションもサービスの一つだと思うことである。この人とは気が合わないからパス、なんてことは職場ではできないのだ。二人の不和がチーム全体の空気を悪くすると述べたとおり、悪い空気は周りに伝染してしまう。あなたにも身に覚えがないだろうか。上司の機嫌が悪いために職場の空気が重かったり、朝は機嫌のよかった妻がなぜか晩にはムスッとしていて食卓の空気が重かったりする。何が原因で上司や妻が不機嫌なのかがわからないために、非常に困ったことになる。そのせいであなたの機嫌が悪くなることもあるだろう。

しかし、あなたが当事者だとどうか。例えば朝の電車で嫌なことがあったとき、そのことを引きずって職場のデスクに座ってはいないだろうか。嫌なことは、あなたを通して周りの人に伝染する。嫌な気持ちは意識せずとも顔や仕草に出てしまいがちだが、そこをぐっと我慢して周りの人に明るく接してみれば、嫌なことなんて消えてしまうものだ。

悪い空気が他人に伝染するのと同様に、よい空気も必ず他人に伝染する。あなたが明るく振る舞えば、職場だって明るい空気になるはずだ。周りを見渡してみると、いるだけで職場の空気が明るくなるという人が一人はいるだろう。

どんな人間にも一つはいいところがある。私はそれを必ず見つけてみせると思って人と接してきた。まさにいいとこ探しだ。相手の嫌なところを五つ見つけたとしても、一ついいところを見つけようと努力する。それが本当にたった一つしかなくても大切にする。相手は本当に嫌なやつなのだろうか、自分が勝手にそうだと決めつけていたのではと思えてくる。

たった一つでもいいところを見つければ、嫌なやつもたいして嫌ではなくなる。相手と自分が双方とも気持ちのいいコミュニケーションをしようと努力すること。それが大事だ。

第3章
画一的な生活からの脱却

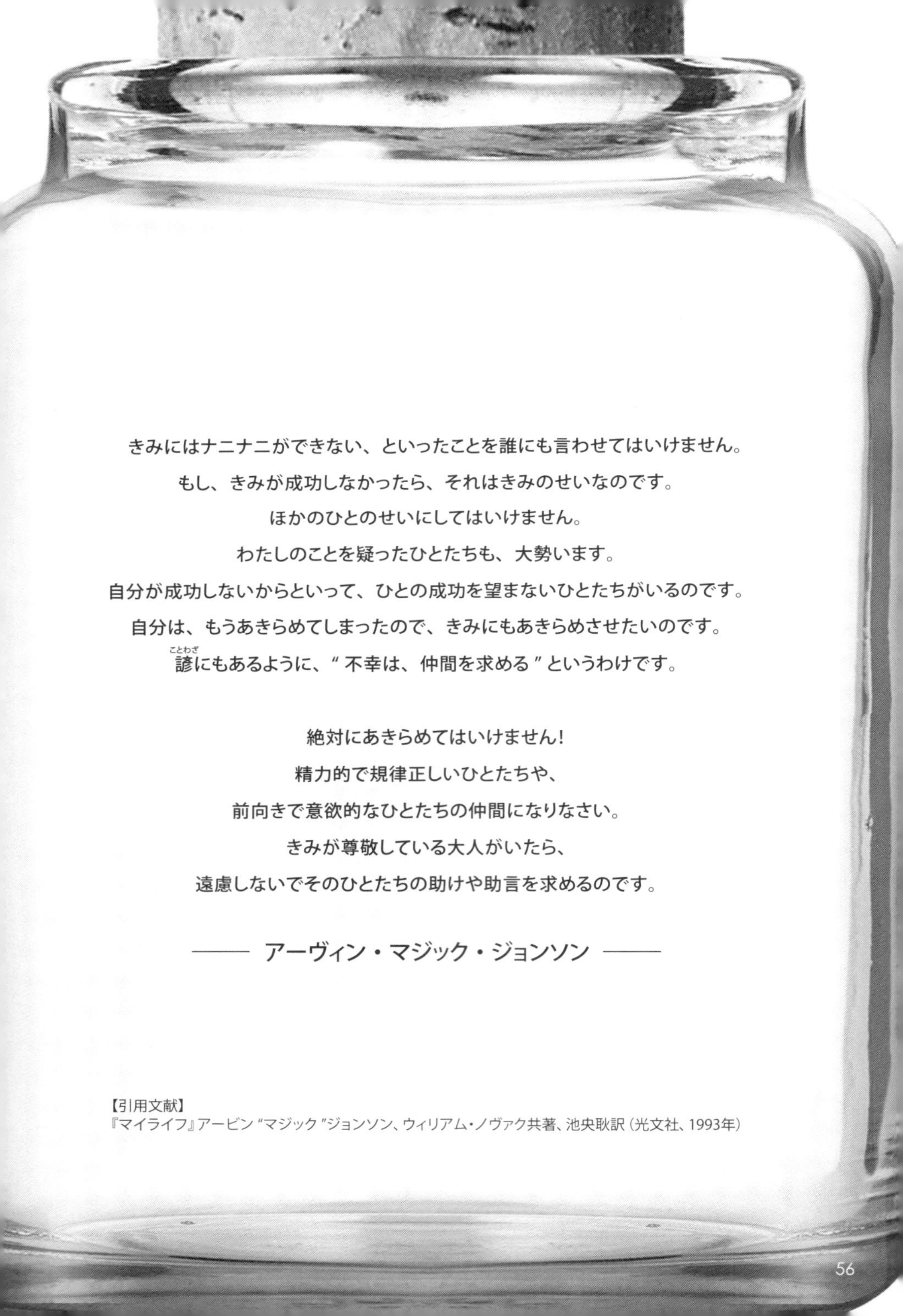

きみにはナニナニができない、といったことを誰にも言わせてはいけません。
もし、きみが成功しなかったら、それはきみのせいなのです。
ほかのひとのせいにしてはいけません。
わたしのことを疑ったひとたちも、大勢います。
自分が成功しないからといって、ひとの成功を望まないひとたちがいるのです。
自分は、もうあきらめてしまったので、きみにもあきらめさせたいのです。
諺《ことわざ》にもあるように、” 不幸は、仲間を求める ” というわけです。

絶対にあきらめてはいけません！
精力的で規律正しいひとたちや、
前向きで意欲的なひとたちの仲間になりなさい。
きみが尊敬している大人がいたら、
遠慮しないでそのひとたちの助けや助言を求めるのです。

―― アーヴィン・マジック・ジョンソン ――

【引用文献】
『マイライフ』アービン “マジック ”ジョンソン、ウィリアム・ノヴァク共著、池央耿訳（光文社、1993年）

前章でコミュニケーションについて私なりに説明したが、そもそもそれがなぜ必要なのか。その答えを出すのが本章の目的だ。

どんなことにおいても、「なぜ」は重要である。なぜサッカーをやるのか――プロになりたいから。なぜ漫画を描くのか――漫画家になりたいから。なぜ勉強するのか――試験に合格したいから、あるいは知識を得たいから。とにもかくにも、理由を明かさない限り説得力はない。必要だから必要なのだ、というのは好ましくない。

あなたも理由がなければ本書を手に取らなかっただろう。私も理由がなければこの本を書くことはなかったし、会社を辞めることも大学で授業を持つこともなかった。何にでも理由がなければならないわけでもないが、少なくとも本書では理由を示してあなたを納得させたい。

すべての人にとって平等に与えられているものが二つある。それは何と何だろうか。いつも受講者たちに尋ねるこの質問、ぱっと答えられる受講者はいない。すなわち、普段はあまり意識しないことなのである。さあ、あなたにはわかるだろうか。

答えの一つを時間だと考えたならば、それは非常に惜しい。時間は平等ではない。四〇歳で亡くなる人もいれば八〇年生きる人もいる。毎日毎日、あなたには何が与えられているか。そう一日、つまり二四時間という一日の単位である。

そしてもう一つ、すべての人に平等に与えられているものは何か。私たちが今立っている場所がどこかを考えてほしい。床？　違う。地面？　惜しい。そう、地球だ。

二四時間とearth論

「あなたにとって一日は二四時間で十分ですか？」と問いかけたい。私にとってはまったくもって、不十分だ。一日が四八時間あっても足りない。九六時間でも、二四〇時間でも足りない。もっともっとほしい。あなたがもし十分だというのなら、この本を閉じてもらっても構わない。現状で満足している人に、私はいったいどんなアドバイスができるというのだろう。十分ならばそれでいい。だから、私は不十分だという人にどうすれば二四時間を増やせるのかアドバイスしたい。

では、実際にどうしたらいいか。睡眠時間を削る？　より長生きする？　テレビや音楽は早回しで楽しむ？　時計職人をパーティに招待して泥酔させる？　二四時間を計測している人に賄賂を渡す？　ノー。それでは二四時間そのものは増えない。ヒントを一つ――あなたは今まさに実践している。あなたは何をしているだろう。イエス、本書をありがたくも読んでくれている。それはつまりどういうことか。

ここまで言えばおわかりになるだろう。他人の二四時間をもらうのである。いや、もっと能動的にこう言いたい。

「1日2400時間発想法」
あれもしたい これもしたい。
1日24時間じゃ足りないよ。
てな訳で・・・
分身の術!!!
ポン
じゃあ頑張れよ!
通勤する俺
おう!
大食いを頑張る俺
まかせな!
書道を頑張る俺
イエース
よっしゃ
サッカーを頑張る俺
歌を頑張る俺。
なーんてできっこないカラ
これ一冊。
㊙1日を2400時間にする方法掲載中!!

『他人の24時間をもらっている様子』
24h
24h
24h
本から
会話から
オーケストラ
●ピアノ ×1
●ティンパニ ×2
●トランペット ×3
●ハープ ×1
●ホルン ×7
●フルート ×15
●ヴァイオリン ×30
●トライアングル ×25
●コントラバス ×15
●指揮者 ×1
総勢100人
24h × 100人 = 2400h
GET!
映画
監督 ジェイムズ・テツマン・イトー
製作総指揮 コリン・セキモト
レータ・クラトリ
製作 ジェイムズ・テツマン・イトー
ハバタン・マクラグレン
ジョン・イガリ・アサコ
ジョシュ・テンボ
脚本 ジェームズ・テツマン・イトー
出演者 ニガリー・オオヤマ
ゾーイ・グロッキー
サム・マメオー
スティーブン・ナミチョコ
トム・アサクラ・ワトソン
ジョヴァンニ・モリシー
音楽 ジェームズ・エキセン
主題歌 柴田光「Four-frame comic strip」
撮影 マウロ・シカサン
24h × 1000
= 24000h
GET!
バンド
1.ボーカル
2.作詞家
3.作曲家
4.ギター
8.DJ
9.ダンサー
10.イラストレーター
24h × 10人 = 240h
GET!

「他人の二四時間を奪え！」

あなたがこの本を読んでいるということは、私の二四時間あるいはそれ以上の時間を受け取っていることになる。どんな本でもそうだ。書く時間は読む時間よりもはるかに長い。だから、あなたは本を読むことで著者の膨大な時間をもらっているのである。あなたが誰かから話を聞くことでも、その人の二四時間をもらえる。その人はあなたの知らないことを知っているかもしれないのだから、教えてもらえばいい。なんでもない馬鹿話ですら他人の二四時間をもらっていることになろう。あなたは映画に詳しくて、ファッションに疎いとする。それならファッションに詳しい友達や店員から話を聞けばいいではないか。あなたは昨日、映画を観に行かなかった。でも友達は観に行った。それなら友達の話を聞けばいい。

ここに前章の新コミュニケーション論が絡んでくる。他人の二四時間をもらうにはコミュニケーションが不可欠だ。私が掲げた問い――なぜコミュニケーションが必要なのか。その答えは、他人の二四時間をもらうため、となる。

また、もらうためにはあなたが先に二四時間を相手に渡さなければならない。あなたには他人に渡せるような二四時間があるだろうか。充実した毎日が送れているだろうか。他人からもらうにはあなたが渡さねばならず、そのためにはあなた自身の充実が必須なのである。

オーケストラがなぜすばらしいのかといえば、それぞれの楽器を何百、何千時間もかけて練習してきた人たちが集まって一つの音楽を演奏しているからだ。ほかの例を用いることもできる。歌のうまい人がいるとしよう。その人だけでも優れた楽曲を創ることはできるかもしれないが、そこにギターやベースなどを弾ける人が加わったら、もっとすばらしい楽曲ができるかもしれない。そういったグループを、私たちはバンドと呼んでいる。そしてまた、あなたは映画というものが何百人もの人々の二四時間が組み合わさってできたものだと意識したことはあるだろうか。

さて、すべての人に与えられたもう一つのもの、それは地球だ。地球は英語でｅａｒｔｈ。これをじっと見つめていると、あることに気がつくだろう。かくいう私はある学生に教えられて初めて気づいたのだが、頭文字のｅはｅｄｅｎ、すなわち楽園や天国を意味している。尻文字のｈはｈｅｌｌ、すなわち地獄だ。その間にあるものは？　ａｒｔ――芸術である。

誰だって地獄には行きたくない。天国に行きたいに決まっている。試練や修行が好きな人は地獄に行きたがるかもしれないが、私は天国行きの列車に乗りたいし（もしそんなものがあれば）、あなただってそうだろう。どうしたら地獄ではなく天国にいけるのか。もう答えは出ているも同然だ。芸術によって、である。

このことに関連した面白い話がある。こういう話だ――「すべての人は鍵を持って生まれてくるの

地球《earth》論
まずは地球、earthと書くだろ？
キュ
キュ
earth
地球のいちばん上には、
天国《eden》があり〜、
キュ
いちばん下には、
地獄《hell》がある。
我々が住む地上は、
キュ
art＝芸術！
我々の地上は、"芸術《art》"の世界だ!!
eden
art
hell

だが、その鍵は天国の門も地獄の門も開くことができる」と。つまり、すべての人にとって天国も地獄も同じように行きつく可能性があるというわけだ。天国の門を開くためには芸術が必要だ。あなたに芸術がなければ、きっと地獄の門を開けてしまうことだろう。

芸術ってなんだろう。絵画、音楽、演劇、工芸、文芸、建築、デザイン、キャラクター、ほかにもたくさんある。しかしながら、芸術というのはそういったものだけではない。芸術的なバッティングといえばイチローだし、中村俊輔のフリーキックを見て芸術的だと思わない人はいない。浅田真央や高橋大輔の演技は芸術であり、フィギュアスケートはまさしく芸術性を争っている。あらゆるスポーツに芸術があふれている！　自然も芸術だ。白神山地やナイアガラの滝、エアーズロック、海、さらにいえば地球そのものも。空を見上げれば、規則正しい星々の動き、日食や月食、渦を巻く銀河、得体の知れないブラックホール、広がり続ける宇宙。ハチのすばらしい巣、アリの緻密な社会、進化という現象、物理法則そのものも芸術的だといえる。ＤＮＡの二重螺旋構造など最たるものだ。科学や数式も芸術だし（数学者は時に「最も美しい数式」という表現を用いる）、ルービックキューブを一分足らずでそろえてしまうのも芸術だ。つまり、私やあなたが思いつくすべて、感じるものすべてが芸術。世界は芸術であふれているのである。

しかし、それらに気づかなければ、芸術にも気づくことができない。雨上がりに虹が出ているとしても、その虹に気づかなければどうやって虹の美しさに感嘆の息をこぼすことができようか。だからこそ、私は気づくこと、すなわち「気づき」が芸術を創り出してゆくものなのだと言おう。

だとすれば、日常に芸術はあふれている。映画監督の宮崎駿氏が言うように、私たちは結局自分の周囲三メートルに生きていて、すべての答えがこの範囲の中にある。「気づき」もまたこの中に存在している。それはもう、空気のごとく。そう考えると、私たちは日頃いかに気づけずに生きていることか。今すぐこの文章から目を離して頭を上げ、周りを見渡してみてほしい。何が見えるだろう。私は窓の外に黒い雲を見た。白くはなかったことに、私は気づけたのである（雲といえば白、と思いつく人にとっては衝撃的だろう）。

さて、ではどうすれば「気づき」が訪れるのか。最も簡単な方法は比較を感じることだ（比較に関しては第16章でもっと詳しく述べる）。「この紅茶がおいしい」と言うとき、何と比べておいしいのかをはっきりさせよう。でなければ、それがどの程度おいしいのかわからない。「一番おいしい」というのは、すべての紅茶を飲んでから言ってもらいたい。どうしてもそう言いたければ、「今のところ一番おいしい」と言うべきだ。ただのベストやワーストではいけない。これから新しいものが来ることを予見する表現、そして最初から決めつけないこと、これが比較において重要なことだ。

しかし、自分自身を充実させるためには何をおいても画一的な生活からの脱却が必要である。言い換えれば、芸術的な生活、「気づき」に満ちた生活を送らねばならないということだ。

画一的な生活とは

先に画一的な生活の具体例を挙げておこう。前著『ターゲット・メディア主義 ―雑誌礼賛―』(宣伝会議、二〇〇六年)で話題にしたので、少し長いが引用する。もし引っかかることがあれば、あなたが画一的な生活を送っているということだろう。悲しいことに、あまりにも多くの人が実際にそうした生活を送っているのが現状だ。

≪社会に出て働く男性の柱はたった1本、〝仕事〟に尽きる。女性のように美・若さ・文化を求める、そんな男性がいたら、ニッポンのサラリーマン社会において、不真面目で社会人失格ととられかねない。≫

≪人生の中心が〝仕事〟自体にあるならまだいい。困ったことに、会社という組織に、あるいは上司や取引先との人間関係に人生を捧げてきたサラリーマンも少なくない。

なかでも、終身雇用・年功序列型賃金の定着した環境で生きてきた団塊の世代は、典型的な〝会社人間〟像を生み出した。

会社人間の日常生活は単純である。月曜から金曜まで、平日は会社で仕事。土・日曜は休日。土・日

曜を家庭で過ごすかどうかは、会社と上司と仕事次第。休日返上で出社、もしくは接待ゴルフの可能性も高い。

毎週毎週、この繰り返し。1週間を過ごしてまた1週間。同じような1週間を52回繰り返すと1年が経つ。

男性の生き方には、〝旬〟もなければ〝季節感〟もない。≫

≪○曜日は『○○』と、毎週毎週お決まりの週刊誌を読む。何曜日に何をするという儀式は、サラリーマン人生の根幹をなす。儀式が1回でも抜けると不安になる。習慣だから、やめられない。≫

≪サラリーマンの人生は、ONとOFFのふたつに分けられる。仕事をしている時間は

ＯＮ、それ以外はＯＦＦ。つまり平日の勤務時間はＯＮ、平日のアフター・ファイブはＯＦＦ。土・日曜もＯＦＦ。》

《骨の髄まで会社人間と化した男性には、休息中も自主性はない。ＯＦＦタイムに読む雑誌ですら、上司の趣味に合わせる。昇進したいから、ゴルフ雑誌を手に取る。サラリーマン社会におけるゴマすり人生には、みずから何かを選び取る自由などない。》

《サラリーマン社会で生きる日本の男性は、ＯＮとＯＦＦを切り替えながら１週間を過ごす。これを毎週毎週、定年まで繰り返す。》

《就職前・就職後・定年後。３区分のどこを生きているのか。それが分かれば十分。男性の人生は週単位で画一的だから、男性誌の説明も単純に済ませることができる。》

《人間は１人ひとり、個性を持っている。ところが、就職した男性の多くは、個としての自分を見失ってしまう。安定した将来のために集団に同化した男は、サラリーマン社会の掟に逆らえない。個の突出を許さない集団的ルールを受け入れてしまう。》

《サラリーマン社会で周囲と同化してしまった男性に、オリジナリティは不要である。ファッションひとつとっても、会社という全体主義のなかで役職や立場にふさわしい格好、働きやすい格好をしていればよい。》

と、こんな具合である。私は別にサラリーマンに悪意があるのではなく、画一的な生活を送るサラリーマンに対しての考えを述べているので誤解なきよう。画一的な生活とは要するに、今日と同じ明日を延々と送り続けるということに尽きる。

毎日同じ時間に起きて、同じ電車に乗る。途中で同じ新聞を買う。同じパンやドリンクを買う。午前中は昼休みが待ち遠しくて、けれど毎日同じラーメンを食べる。午後になるとアフター・ファイブが待ち遠しくて、けれどいつも同じメンバーで飲みに行き、上司の悪口。あるいは残業に追われる日々。

サラリーマンだけでなく、学生でも同じことがいえる。身分や職業は関係ない。誰にも当てはまりうる。毎日が同じことの繰り返し。ＳＦのネタにならば使えそうだが（使い古されてはいるものの）、実生活がそれだと何の面白みもない。

こんな泥沼から抜け出すには、やはり芸術的な生活を送るべきなのである。

自分を磨く

芸術的な生活とは「気づき」に満ちた生活のことだ。言い換えれば、新しいことにあふれた生活だともいえる。全く同じパターンの生活をしないで生活する努力をしてみようじゃないか。

『芸術的な生活を送るサラリーマン』

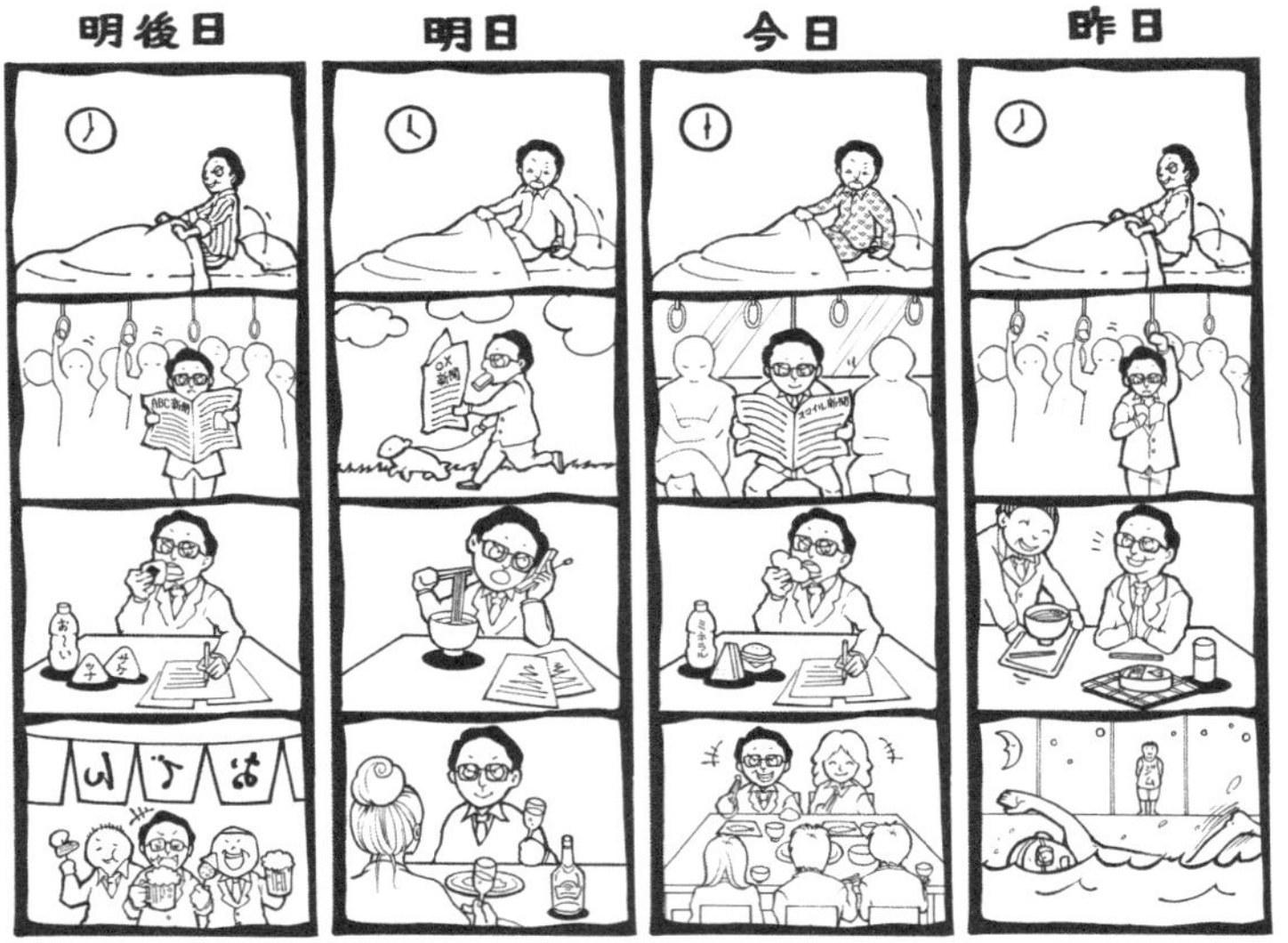

ちょっと早めに家を出て一駅分歩いてもいい。自転車でも結構。昨日『デイリースポーツ』を買ったなら、今日は敵方の目で見てみようと『スポーツ報知』を買う。昨日カレーパンを買ったなら、今日は焼きそばパン。明日はピロシキでも買ってみたらいい。別のパン屋に行ってもいい。昼休みに外食するなら雑誌やインターネット、口コミで情報を手に入れた、全然入ったことのない店に行ってみる。缶コーヒーはいつもと違う銘柄で。仕事帰りに飲みに行くのもいいけれど、いつもの居酒屋ではなくおしゃれなバーに行ってみたり、バッティング・センターでフルスイングしてみたり、ボウリングをしてみたり。休日をいつもパチンコとテレビを見ながらのごろ寝で

潰しているなら、釣りにでも出かけてみたり。

毎日三つは新しいことをやってほしい。今日を新しくするには昨日と比べなければならない。昨日気づかなかったことを、今日気づいてほしい。そうすればあなたの内面は磨かれ、画一的な生活から脱却することができる。

来月の給料を待ち望むのではなく、今月の給料でいかに一カ月を楽しむかを考えよう。来週の連載を楽しみにしておくのではなく、その一週間のうちに面白い漫画を描く漫画家を見つけよう。

動物行動学者のリチャード・ドーキンスがいみじくもこう言っている。

「あまりに身近にありすぎて麻痺してしまった感覚がある。日常のうちにうもれてしまった感性がある。身近さや日常は感覚を鈍らせ、私たちの存在に対する畏敬の念を見えなくする。詩人の才に恵まれないわれわれ凡人は、少なくとも時々は、頭を振って感覚をくもらせている日常を振り払う必要があろう」（『虹の解体　いかにして科学は驚異への扉を開いたか』リチャード・ドーキンス著、福岡伸一訳・早川書房、二〇〇一年）

男性よりも女性のほうが、ありふれた、繰り返しの日常から脱却した生活を送ろうとする傾向が強いように見えるのは事実だが、男性の中にも画一的な生活から抜け出そうとしている人がいる。『ターゲット・メディア主義』からまた引用してみよう。

≪一方で必ず存在するのが〝脱〟典型的サラリーマンとして生きる男。脱落の〝脱〟ではない。落伍者や落ちこぼれを意味するのではなく、みずからの意思と力で苦しい局面を切り抜ける、脱却の〝脱〟である。会社という組織を脱却して、自分の力で生き抜く人。画一的生活から脱却して、1日1日を創造する人。起業家やIT長者とはかぎらない。会社員でも自由業でもいい。どうやって生きるか、意識の持ち方、精神構造の問題である。≫

いかんせん、彼らはまだ主流派でも多数派でもない。それでも私は〝脱〟典型的サラリーマンを応援している。週五日の会社勤めだから画一的な生活になってしまう、というのは言い訳にならない。あなたにできる範囲で、毎日を新しくすればいい。無理をして画一的な生活から脱却しようとするのは意味がないだけでなく、肉体も精神も疲れてしまう。ちょっとの変化が「気づき」をもたらし、芸術的な生活へとあなたを導いてくれる。万人が経済的に満たされた生活を送ることは不可能だが、芸術的に満たされた生活ならば誰でも送ることができる。芸術とはそれほど身近なものなのである。

ここまでをまとめてみよう。なぜコミュニケーションが必要なのか。それは他人から二四時間をもらうためだ。もらうためにはあげなくてはならない。あげるためにはあなたが充実していなければならない。

らない。充実させるために画一的な生活から脱却し、芸術的な生活を送る。芸術的な生活とは「気づき」に満ちた新しい毎日のことである。

マイケル・ジャクソンと『THIS IS IT』

二〇〇九年七月から行われる予定だったマイケル・ジャクソンによるロンドン公演のタイトルであり、そのリハーサルを記録したドキュメンタリー映画のタイトルでもあり、その後世界中で発売され、多くの人々からの賛同を得たＤＶＤのタイトルでもある『ＴＨＩＳ　ＩＳ　ＩＴ』。この言葉に込められたメッセージとは、どういうものだったのだろうか。

私は「ＩＴ」を「ＬＯＶＥ」すなわち愛であると考えている。歌や曲、詞だけでなく、ダンスやリズム、ステップにも愛が込められていた。あるいはギターやドラム、キーボードといった楽器、ダンサーやバックコーラス、バンドにも。公演全体で考えれば、大道具や小道具、ライティングに衣装、デザインなどにも愛があった。

スタッフに対する愛も例外ではない。このロンドン公演で重要だったのは、マイケルみずからが公言したように「カーテンコールだ」ということだ。これは本来、演劇で使われる言葉である。意味を調べてみると、舞台の幕が下りたあとに観客が拍手をすることで再び出演者を舞台に呼び出すことを意味している。カーテンコールに二度目はない。

演劇用語であるこの言葉を使うことで、彼はロンドン公演を「コンサートではなくショウである」と捉えていたのだろう。これこそ、スタッフへの愛情を表現した言葉だ。コンサートであれば中心はマイケル・ジャクソンだが、ショウであれば舞台全体を魅せることが必要になるため、スタッフもまた一体になる。

さらに、彼は会見で「みんなが知っている曲を歌う」と言った。これはファンへの愛である。なぜなら、ファンが知っている曲というのはファンが愛している曲でもあるからだ。そんな曲を歌うというのは、まさに彼の愛の表れだというしかない。

では、彼はどういった愛を伝えたかったのか。別の言い方をすれば、どの曲によって愛を伝えようとしていたのか。映画は、エンドロールのあと少女が地球を両手で包み込んでいるイメージ映像で終わる。つまり、キーワードはWorldとEarthではないか。現に『Heal the World』や『Earth Song』が曲目に入っていた。また、これらのキーワードには人と自然が欠かせない。そこで『Human Nature』を思いつく。

最も強調したいこれらの曲はどのタイミングで歌うべきだろうか。言い換えれば、全体の構成はどのようになっていたのだろうか。映画の中で、彼はたびたび「余韻が必要なんだ」と言っている。つまり、その余韻によってメッセージを伝えようとしていたのである。

余韻を生み出すための工夫はきちんとなされていた。ショウの構成は、映画で見る限り先に激しい曲があって、あとに静かなバラード曲、すなわちメッセージ性の強い曲が続く。動の曲で観客をヒートアップさせ、静の曲でクールダウンさせながらメッセージを伝えていく。こうすることで、本当に伝えたいことが伝えられる。「怒ってないよ」と言いながら、よりよいものを創り出そうとする人間性から発せられる言葉に、他人へのあふれんばかりの愛を感じる。

『THIS IS IT』に込められたものとは何だったのか。それは地球への愛、世界への愛、そして人への愛である。そして私は「人を愛せよ、それも地球を愛している人を愛せよ」というメッセージを受け取った。

最後に、私は『Earth Song』とearth論を結びつけないではいられないことを告白する。マイケル・ジャクソンは間違いなく天国に昇った。そのあふれんばかりの芸術性とともに。

第4章
すべては「?」から始まる

私は自分の両親が、
子供には何について考えるかよりもむしろ、
どのように考えるかについて教えるべきだという主義の
持ち主であったことに感謝する。

―― リチャード・ドーキンス ――

【引用文献】
『神は妄想である　宗教との決別』リチャード・ドーキンス著、垂水雄二訳（早川書房、2007年）

自分を磨くにはどうすればいいのだろう。例えば女性誌の世界観は、前著『ターゲット・メディア主義』で解説したように自分磨きの一言に尽きる。

≪女性は、美と若さだけでは満足しない。食文化をはじめ、映画や音楽、アートのほか、旅・ペット・占いなどなんでも、ありとあらゆる分野に興味を示す。知的欲求・知的好奇心に満ちあふれ、何かにつけて物事の意味や背景を知りたがる。

女性は就職したからといって、自分自身を見失ったりしない。自分の人生をあきらめることなく、毎日を楽しむ。女性はいつでも、あくまでも自分らしく、どこまでも美しく生きていこうとする。

女性は、就職しても「美しくなりたい」「若々しくありたい」「知的でありたい」という願望を捨てない。この果てしない願望が、個性を磨き、個性をより強くする。

女性は、自分を磨いて他人と差をつけたい。

健康のために日常生活を見直したり、護身術を身につけたり、女性は日々前進し続けている。自分の生活を他人任せにしない。自分の身は自分で守る。人生設計のレベルを本来の目標の1段階上に置くから、到達点も高い。≫

私はこのような女性の生き方というものを尊敬している。見習いたいことがたくさんある。女性に限らず男性も含めたすべての人、この地球に生き、二四時間では不十分だと思いながら過ごしている人々に、芸術的な生活をしてほしい。とりわけあなたに。

多くの女性は私の考える理想的な生活を送っているが、ここ数年、一つの懸念が出てきた。女性の男性化である。はっとした方もいるかもしれない。前章で挙げた典型的サラリーマン生活を、女性が送るようになってしまうのではないかという懸念である。それをくい止めるためにも、男性に意識の改革を迫るためにも、本章と次章で啓発に努めよう。

なんでだろう

私は講義の中で、日常およびメディアについて『なんでだろう』と思ったことを毎週一個ずつＡ５サイズの課題用紙に書いて提出させている。課題名はもちろん『なんでだろう』である。実は二〇〇四年に当時講義をしていた日本女子大学の学生たちの『なんでだろう』をまとめた『「お嬢さん」が知っておきたい意外な疑問３５０』という本を、日本女子大学の学生とともに、光文社の知恵の森文庫から出版している。

『なんでだろう』というのは「なんで」という疑問と「だろう」という推量だ。序章の「知らないことはすばらしいこと、新しいこと」にもつながる。ものを見たとき、聞いたとき、嗅いだとき、味わったとき、触ったとき、ふと何かしらの疑問が湧くことがあると思う。その感覚が、物事を考える最初のステップなのである。推量だから、明確な答えはなくてもいい。疑問に思い、考えること自体が重要なのである。むしろ面白い『なんでだろう』というのは明確な答えがないもののほうが多い。例えば「どこからが横顔なのだろう」というように。

テレビを見ているとき、街を歩いているとき、電車に乗っているとき、いつどこにいても、この『なんでだろう』に目を光らせておく。最初はなかなか気づけない。しかし、慣れてくるとこの世のすべてに、生活のすべてに『なんでだろう』を見出すことができるようになるだろう。

一般的に、このあと紹介するすべてのステップ（課題）の中で『なんでだろう』が一番難しい。それはなんとなく理解できるだろう。歳を取るにつれて知識が増え、常識を身につけていく。すると、なぜだか疑問を抱かなくなっていくのである。それこそ、なんでだろう。大人になると、ものを見て反射的に「なんで？」が浮かばなくなるらしい。今のあなたはあらゆることをありのままに受け止めすぎてはいないだろうか。世の中は不思議で満ちあふれているのに。実はそれに気づくことこそが芸術的な生活なのである。

子供たちは常日頃、ほとんど口癖のように「あれは何？」「これはなんで？」などと親に訊《き》いている。

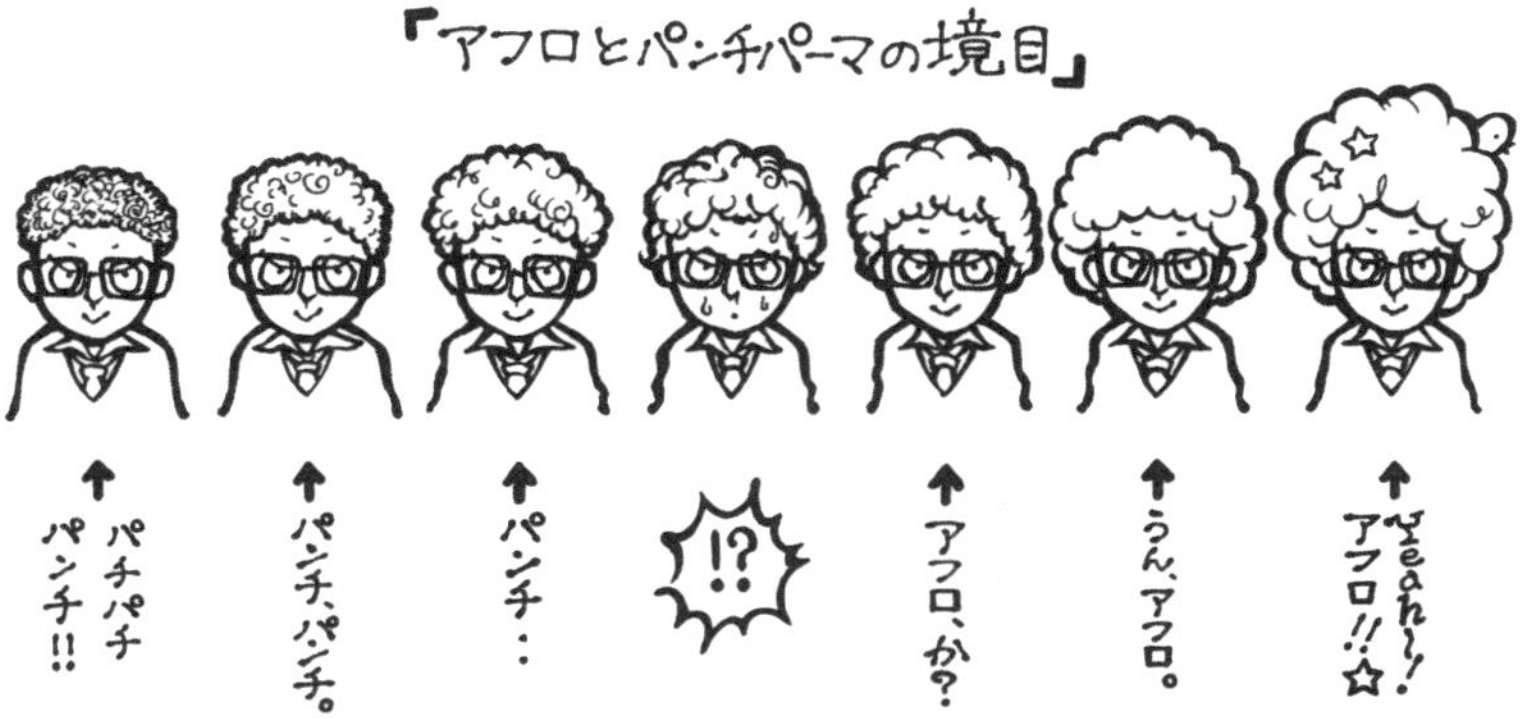
「アフロとパンチパーマの境目」
Yeah~! アフロ!!☆
うん、アフロ。
アフロ、か?
!?
パンチ・・
パンチ、パンチ。
パチパチパンチ!!

子供の頭の柔らかさの秘訣は、何に対しても素直に疑問を浮かべることができるところにある。小さな子供のいるお母さんお父さんは、子供が発する疑問には即座に答えてあげてほしい。答えがわからないときはうそやでたらめでごまかすのではなく、子供と一緒に考えよう。私が学生たちから多くを学ぶように、大人は子供の『なんでだろう』から数えきれないほどたくさんのことを学び取ることができる。子供の疑問は大人への、『なんでだろう』の泉から湧き出るすばらしい贈り物だ。

先に述べたように、面白い『なんでだろう』というのは答えのないものも多い。虹の色の境目はどこだろうとか、アフロとパンチパーマの境目はどこだろうとか。どこ、という境目をうかがう視点は面白い疑問の源かもしれない。物事を二つだけに分けて考える二分法（例えばアフロかパンチパーマか）は、あまりいい考え方ではないので、それらを直線の両端に置いて、その間にさまざまな段階があると考えるようにすべきだ（一般にはスペクトラム、連続体と呼ばれる概念のことを指す）。そういった物事のスペクトラムに気づければ、面白い『なんでだろう』にも気づける。新入生はいつまで新入生なのか、「一口ちょうだい」の一口とはどれくらいか、というように。

思い込みを打ち破るような『なんでだろう』も面白い。フランケンシュタインはあの怪物を作った博士の名前なのに、どうして怪物がフランケンシュタインと呼ばれているのか。トイレの標識はなぜ男性が黒や青で女性が赤なのか（国によって違うこともあるのだが）。あなたは前頁で私が「お母さんお父さん」と言ったことを疑問に感じただろうか。多くの人が「お父さんお母さん」と言うのは、なんでだろう。

そうやって考えていくと、知識がないほうがいいのかということになる。現に私は自分が知識豊富だとは思っていない（ゆえにいろいろな人たちの二四時間で不足を補っている）。だが、知識の最前線に立つ科学者の多くが言うように、知識が『なんでだろう』を妨げることはない。古生物学者のスティーヴン・ジェイ・グールドは「よく知っている、と思いこんでいることには、常に気をつけたいものだ」と注意を促し、「好奇心をそそる謎が増えることは、一つの謎が解決されるのと同じ

【引用文献】
『神と科学は共存できるか？』スティーヴン・ジェイ・グールド著、狩野秀之・古谷圭一・新妻昭夫訳（日経BP社、2007年）
『フラミンゴの微笑　下　進化論の現在』スティーヴン・ジェイ・グールド著、新妻昭夫訳（早川書房、1989年）
『科学は不確かだ！』リチャード・P・ファインマン著、大貫昌子訳（岩波書店、1998年）
『バイオフィリア　人間と生物の絆』エドワード・O・ウィルソン著、狩野秀之訳（平凡社、1994年）
『ファインマンさんベストエッセイ』リチャード・P・ファインマン著、大貫昌子・江沢洋訳（岩波書店、2001年）

くらい良いことである」とも言っている。物理学者のリチャード・P・ファインマンは「疑いがあればこそ、僕らは新しいアイデアを求めて、新しい方向に目を向けることを考える」と書いている。社会生物学者のエドワード・O・ウィルソンは「知識が増えれば増えるほど、謎もまた深まっていく」と主張する。英語でよく使われる言い回しに「The more I know, the less I understand.（知れば知るほどわからなくなっていく）」というのもある。知識は『なんでだろう』の障害にはならないのである。とりわけファインマンは（序章でも引用したように）無知であることと問うことに関して、講演の中で何度も繰り返している。

「問いを提起せずには、何も学ぶことはできません。そして問いには必ず疑いが必要なのです」

こうも言っている。

「必ず答えを知る必要はないんだ。また何も知らず、何の目的もなしにこの神秘的な宇宙をさ迷うからといって、恐ろしいとも思わない」

知識が障害にならない好例として一つ。Camouflage（偽装や擬態の意）の発音についての『なんでだろう』だ。キャマフラージュは英語読み、カムフラージュはおそらくフランス語読みをベースに日本で広く使われている発音。日本ではカモフラージュとも発音される。ここまでは紛れもなく知識である。この知識があればこそ、カミフラージュやカメフラージュと発音する言語はあるのだろうか、という疑問が湧く。面白いではないか。知識が邪魔して『なんでだろう』が見つからないというのはただの言い訳だ。そんなことはこの世界のすべてを知ってから言うべきだろう（無理だが）。

まず『なんでだろう』。それを心に留めておいてもらいたい。あなたの周りにはきっと疑問が無数にあるはず。一日一個くらいはそれに気づいてほしい。いくら気づいたって、気づきすぎることはないのだから。新たな疑問を抱くことをためらってはいけない。

喝と天晴れ

『なんでだろう』の次のステップとして、私は『喝と天晴れ《あっぱ》』という課題を出す。「喝」もしくは「天晴れ」と感じた日常の物事をしっかりとした自分の文章にしていくわけだ。

『喝と天晴れ』では『なんでだろう』で気づいたことを、常識の違いとして認識するのである。当たり前だが、私とあなたの常識は違う。その差異を『喝と天晴れ』に入れ込むわけだ。「私にとってはこれ、喝なんだけど、あなたにとっても喝かな、それとも天晴れ？」という具合に。

断るまでもなく、『喝と天晴れ』のアイデアは日曜日の朝に放送されているテレビ番組から拝借した。着物を召したお方が「いやぁ、天晴れだね」と言っても、スーツを着込んだお方が「こりゃ喝だ！」と意見がまっぷたつに割れることが多々ある。二人の意見が一致するときより、別々のときのほうがやっぱり面白い。これがタイガースファンとジャイアンツファンともなれば、喝と天晴れは完全にくい違うこ

ととなろう。タイガースファンにとっては、ジャイアンツの選手がエラーをしたら天晴れ、ホームランを打ったら喝となるかもしれない。『喝と天晴れ』はこのように常識の違いを浮き彫りにし、ある程度の客観性を身につけるために必要なのである。

高校、大学、専門学校、塾、スポーツクラブなどは似通った常識を持つ人が集まる場所だ。同じ学部、同じサークル、同じゼミ……。常識が根本から違う人とは友達にならないだろう。そもそも付き合いたくなければそうしたらいいだけだ。相手もそう考えている。必然的に、周りには自分の考えに近い考えを持つ人が集まってくる。ところが社会に出て会社に勤めるようになるとこれが一変し、考え方の異なる人々とも付き合わなければならなくなってしまう。どれだけくい違っている相手でも、仕事という結びつきからは逃れられ

サークルで楽しく話す学生たち
オフィスで息苦しそうな社会人

ない。コミュニケーションを要求される。そういうとき、ただ相手を毛嫌いするのではなく、この人は自分とは違う考えを持っている、と少し離れたところから見れば、コミュニケーションのやり方もわかってくるだろう。自分と他人の常識は違う——これを認識し、受け入れるためにも、『喝と天晴れ』で準備をしておく。できることなら嫌いな人を笑わせるにはどうすればいいかと考えるほうがいいだろう。

『喝と天晴れ』は常識が違っていれば違っているほど面白いのだが、極端な話を書けばいい、というわけではない。殺人は誰にとっても喝だ。いや、正当防衛ならばそうとも言いきれないか……という感じで、常識のあやふやさをあぶり出すような話題や、針の先端に乗ってぐらぐらしている物事に喝や天晴れを入れるのが面白い。

第5章で言及するが、私の世界観には決まりきった唯一無二の答えなんて存在しない。『なんでだろう』も『喝と天晴れ』もそうだ。どちらも人が見逃してしまうような、間隙を突く事柄を写真のようにぱっと捉えると、すごく面白くなる。

喜怒哀楽

最終的に感じたことを表現する、それが第3ステップの『喜怒哀楽』だ。『喝と天晴れ』に情緒や感情を乗せてほぼ完全な文章に完成させてゆく。四つの感情だけでなく、愛でも悔いでもなんでもいい。あなたの胸に湧き起こった感情ならば、なんでも。『喝と天晴れ』を通過したあとなので、けっして独りよがりになることはない。

三つの課題の中では、この『喜怒哀楽』が最も自由度が高い。文章力、表現力、発想力など、面白いものを書くために必要なことは多い。コンスタントに九〇点以上の面白いものを書くのは、プロのライターや作家でも難しいことである。結局は自分磨きの一環なのだから、自分を伸ばすためにできるだけのことをすればいい。誰もあなたに完璧を求めてはいない。ここで一つ、受講者の例文を挙げておこう。『喜怒哀楽』の怒を選択するケースは非常にまれなのだが、とても怒を上手に表現している。

怒髪天を衝く

これは頭髪の逆立った、ものすごい怒りの形相になることだ。どんなに怒ってもそんなことにはならないが、その怒りの激しさがしっかり伝わってくる。怒の表現は、なんだか不条理なものが多い。しかし、身体的にピンとくる気がする。例えば「頭にくる」は「怒髪天を衝く」と同じで怒りで頭に血が昇ってくる感じがする。「カチンとくる」「キレる」も怒りの衝撃で脳の中を電流が駆け巡っているのがよくわかる。怒りは頭だけでなく、お腹にもくる。「腹が立つ」「はらわたが煮え返る」というのは、ふつふつと込み上げる怒りが体の芯を熱くする、あの憤る感じが、なるほど、理解できる。最近よく使われる「ムカつく」はどういうことだろう。ムカムカするということだろうか。普通に考えると、吐き気をもよおすことかと思われるが、怒りで吐き気がしたことは私にはない。でも、やはり使ってしまう。「ムカつく！」って、マ行とカ行の組み合わせた音として怒りの表現にしっくりくるのだろうか。「憤怒」なんて言葉も耳で怒りを聞くことができる。

いずれにしてもなんだか体によくなさそうな表現ばかりである。怒らないほうが、長生きできそうだ。

表現力を身につける

これまで三つのステップ（課題）に基づいてものの考え方を説明してきたが、あなたもぜひ挑戦してみてほしい。文章が書けて損をすることがあるだろうか。受講者たちに文章を書かせているのはどんな仕事にもそれが必要だからだ。コピーライターはもちろん、広報や宣伝、営業における報告書ですら文章を書けねばならない。

ルイス・キャロルの『鏡の国のアリス』（邦訳は東京図書ほか）で赤の女王がこんなことを言う。

「ここではのう、同じ場所にいようと思うたら、あとう限りの速さで走ることが必要なのじゃ。

【引用文献】
『鏡の国のアリス』ルイス・キャロル著、マーチン・ガードナー注釈、高山宏訳（東京図書、1980年）

もしどこか別の所へ行こうつもりなら、少なくともその倍の速さで走らねばならん」

この文章は軍拡競争や経済競争の文脈で何度も引用されており、生物進化学にも顔を出す（『赤の女王仮説』と名づけられている）。相手より優位に立とうとしてこちらが軍備を拡大したとする。それで思惑どおりになるかといえば、残念ながらならない。相手も同じことを考えて軍備を拡大するからだ。こちらは相手を上回りたいがためにさらに軍備を拡大する。相手もそうするだろう。軍拡をどこまで続けても、どちらかが明白に有利になるわけではない。しかし、軍拡をしなければ、間違いなく相手に打ち負かされる。赤の女王が言うように、今いる場所にいるためには全力で走っていなければならない。

これを先述した三つの課題に取り組むあなたに当てはめてみよう。そう、あなたができるだけの努力をしたとしても、きっと周りの人たちとの差は埋まらない。誰もが努力しているのである（少なくともそう考えたほうがやる気が出るのでは？）。あなたが怠ければ、周りの人たちはあっという間に先へ行ってしまう。先を行く人に追いつくには、赤の女王の言葉どおり二倍、あるいは三倍、四倍頑張らなければならないだろう（幸い、あなたはアキレスではない）。今すぐ始めればいい。その努力をしてでも、文章力や表現力は身につけてよいものだ。それらを持っていたがゆえに何か困ることがあったら、ぜひ教えてほしい。

そのうえで話す力があれば、なおよし。私はよく「書けて話せれば無敵だ。なんでもできる」と言う。鬼に金棒と鉄砲を持たせたら……桃太郎はあっけなく敗北したことだろう。文章ではなく絵で表現してもいい。絵で表現できる人が文章力を磨き、さらに話す力を得て三重の表現力を身につけたとき……完全武装の鬼になるに違いない。

中には技巧を凝らした文章を書く人もいるが、それよりも私は感情重視で、感情がストレートに伝わってくる文章のほうが好きだ。技巧は感情のあとでいい。もちろん技巧が感情をもり立てることもあるので否定しない。あなたが文章を書くとき、まだ書き慣れていないなら感情を直球で伝えるようにしてみてはいかがだろうか。

本章の最後に、私がこれまで最も面白いと思った『喜怒哀楽』の作品を紹介しよう。今のところこれを超える作品は出てきていない。

電車に大学生とおぼしき三人が乗り込んできた。私を含め、乗っていた人々は彼らに目をやり、嫌な顔をした。ここは女性専用車両だった。しかし、彼らはそんなことにはお構いなしで、我が物顔。彼らはここが女性専用車両と知って乗り込んできたのだ。

乗り込むとすぐ、彼らは周りに聞こえるほどの大きな声で女性専用車両について文句を言い出した。「女性専用車両があって男性専用車両がないなんて差別だよな」と。

たまたま乗り合わせた私は、何を言っているのだろうと思った。そもそも女性専用車両はなぜできたのだろうか。すべては男性の女性に対する痴漢行為から生まれたもので、事の起こりは男性の違法行為に責任があるのだ。今日では日本のいろいろな地域で導入されているが、はたして女性専用車両は、自慢できることなのだろうか。そんなはずがない。これは、男性が女性に痴漢をするからこそ導入されたのであり、その行為自体が問われているのである。もし世界に対して「日本には女性のための専用車両があるんですよ」とアピールしても、世の中の誰も振り向いてはくれず、変な目を向けるだろう。なぜならそれは、日本人は変態ばっかりだと言っているようなものだからだ。ほかのどこの国に女性専用車両があるだろう。そう、どこの国にも必要ないのだ。

女性にとって女性専用車両は天晴れかもしれないが、同時に喝でもある。こんなに恥ずかしいものはとっとと撤去してもらいたい。が、そうできないのが、とてもとても悲しい。女性専用車両に乗り込んできた大学生たちも、このことをよく考えてみるべきだ。

コラム

なんでだろうの泉

かつて『全国こども電話相談室』というラジオ番組があった。名前のとおり、子供が疑問に思ったことを専門家が丁寧に答えるという番組だ。一九六四年にスタートし、二〇〇八年までおよそ四四年間子供の疑問に答え続けた長寿番組である。寄せられる質問は多岐にわたり、天気からファッションまでさまざまなものがあった。こういった子供たちの純粋な疑問、これこそ『なんでだろう』の根本である。

『なんでだろう』と感じることにおいて推量が大切、言い換えれば答えはいらないと述べたが、自分なりの答えを見つけることもまた重要だ。知らない言葉があれば辞書を引く。知らない花があれば植物図鑑で調べる。知らないことは何でも知ろうとする姿勢が、世界を広げ、新しい視点を生み出していく。『全国こども電話相談室』はその答えの提供元であった。子供では調べられないような疑問のために専門家を用意し答えてもらう、というのは一般の教育現場ではなかなか叶えられない貴重な教育の形だ。

ところで、そうした知識欲を満たす場所を作ったこともすばらしいが、その道のエキスパートでないと答えられないような疑問を抱く子供たちはもっとすばらしいのではないだろうか。発想は往々にして疑問から芽吹くものだ。「なんでこういうものがないのだろう」と感じることのできた人が作り出したものが世の中にはたくさんある。

この『全国こども電話相談室』は、先に書いたように二〇〇八年に放送が終了したのだが、二〇〇九年現在、『全国こども電話相談室　リアル！』という番組としてリニューアルされている。こちらの番組は『全国こども電話相談室』で扱っていた「なぜ海は青いのか」「なぜ雷は落ちるのか」というような素朴な疑問に答えるのではなく、いじめや進路といった悩みに対する相談を受けつけている。対象年齢も高校生まで引き上げられ、より社会的な番組に生まれ変わった。

ではなぜ『全国こども電話相談室』は生まれ変わる必要があったのか。これは、けっして子供たちが疑問を抱かなくなったからではない。専門家でなければ答えられなかった疑問を、自分で解決できるようになったからである。

もちろんその理由はインターネットの登場だ。これによって、大きなものから小さなものまで情報が世にあふれ、どんな疑問も簡単に調べられるようになった。『全国こども電話相談室』の需要が減ってしまったわけだ。わざわざラジオ番組に電話をして教えてもらうなんてまどろっこしい方法よりも、検索すれば即座に答えの出るインターネットを使うというのは当然のことだろう。だが、果たしてインターネットによる情報は『全国こども電話相談室』が発信しえた情報に取って代われているのだろうか。これだけインターネットが普及し便利になった今でも、年齢制限を要するサイトや学校裏サイトといった危険なサイトは垂れ流されているし、匿名性ゆえの誤情報、誹謗中傷は跡を絶たない。本当によき知識を得られているかどうかは本人が判断するほかない。子供にそれができるものだろうか。私たちの社会は子供たちの大切な『なんでだろう』を殺してしまってはいないだろうか。

一方、インターネットだからこその利点もある（まさに『喝と天晴れ』）。検索サイトで調べたいワードを検索すると、それに関するウェブページはもちろん、検索ワードに関連した単語も表示される。辞書で調べたときに載っている類義語や対義語のようなものだ。その関連語をさらに調べることにより、知識も増えるし興味も広がる。たった一つの『なんでだろう』が思わぬ広がりを見せてくれる。最初に調べたかったことの枠をはみ出して、さまざまな方向へ無限に知の連鎖が構築されていくのは、おそらく世界中とつながっているインターネットだけが成せる技だろう。意味を調べるだけの辞書や百科事典とも違う、一つの疑問に一つの答えで応じる『全国こども電話相談室』とも違う、最も新しい知の泉なのである。

第5章
第一次想起力とものの見方

私たちはつねに、
視点を変えて見る準備をしておかなければ
ならないのである。

―― ニコラス・ハンフリー ――

【引用文献】
『喪失と獲得　進化心理学から見た心と体』ニコラス・ハンフリー著、垂水雄二訳（紀伊國屋書店、2004年）

ものの考え方がわかれば、一つの物事に対して何か一つくらいは書くことができるだろう。そのうえでものの見方、つまり視点が増えれば、さらに面白くなる。

本章は自分磨きの最後の章であり、発想に関する最初の章である。そして両者をつないでいるとても重要な章として位置づけている。また、インタラクティブな章なので、ぜひ積極的に参加してあなた自身を磨いてほしい。

発想法について考察する前に、初めにものの見方について考えてみたい。さまざまなものについて考えるとき、前後の論理的なつながりが明白でなければ、いくら重要だからといっても頭には入らないし、記憶にも残らない。人間というのはなんにでも物語性、ストーリーを見出し、そして物事を理解しようとする。人間の記憶はそういうふうにできているのだろう。普通の人にとっては、物事一つひとつを写真のように記憶するよりも、物事と物事を関連づけて記憶するほうがやさしいのは明らかだ。

私とあなたはすでにそれなりのコミュニケーションをしているので、ここで私がお願いをしても聞いてもらえると思う。ぜひとも紙とペンを用意してもらいたい。ただ読むだけではものの見方は身につかない。筆記用具は必須である。以降も同じことを要求することがあるだろうが、それはあなたの価値を高めるためだと考えていただきたい。それは本書の価値を高めることにもなる。

答えは自由

紙とペンは用意できただろうか。が、それらを使うのはもう少し待っていただきたい。その前に、本章のタイトルにある「第一次想起力」についての話を聞いてほしい。新しい言葉が出てきたら、よく注意してその意味を読み取るなり辞書で調べるなりしなければならない。なぜなら、序章で述べたように、知らないことはすばらしいことだからだ。

そもそも第一次想起力とはなんだろうか。読んで字のごとく、最初に想起する力だ。第一次想起力から力を抜いた第一次想起というのは、何かを見たとき、聞いたとき、嗅いだとき、味わったとき、触ったとき、最初に感じる印象ないし意見のことである(なぜいちいち五感を書き並べるのかというと、『なんでだろう』のときと同じだ。ものの見方というのは比喩的なものなので、「見る」に五感を代表させているにすぎない。これから「角度」なんていう言葉も出てくるかもしれないが、それも比喩的な意味での角度である)。例えば空を見たとき瞬間的に頭の中に思い浮かぶこと――それが第一次想起。この言葉に力をつけると第一次想起力となる。つまり、瞬間的に面白い答えを思い浮かべる能力だ。「面白い」というのもまた抽象的で説明の必要があろう。本書を順に読み進めてきてくれたあなただけにわかりやすく言うと、喜怒哀楽、つまり感情を揺さぶりうるかどうかということだ。

第一次想起に正解はない。すべての答えが正しいのである。面白さの程度はあるものの、間違った答えは一つもない。１＋１＝２。なるほど、正解。でも、小学生のとんちみたいに「田」も「11」もＯＫ。１が人に見えたなら、人＋人＝一〇一でも、人＋人＝二人でも、人＋人＝マイナス10でもいい。その人との関係を表わすことにもなる。第一次想起力はアイデア力とも言い換えられるかもしれない。誰かと喋っているとき、何気なく面白いことを言える人は第一次想起力が高いというわけだ。入社試験の面接でも「おっ」と思わせることを言う受験者はたいてい合格する。仕事で採用されるような企画案のほとんどは第一次想起が面白い。

コインのカタチ

第一次想起力を鍛える一つの方法として、私はコインを描いてもらうようにしている。そんなわけで、**三分ほどでコインを描いてみてほしい**。**日本の硬貨という条件を設定しておく**。ではどうぞ。

描けただろうか。

さっそくあなたのコインと１０５ページの図のコインを見比べてほしい。丸いコインを描いた人。それは五〇〇円？　一〇〇円？　五〇円？　一〇円？　五円？　一円？　あるいは記念硬貨として発売される一〇〇〇円玉だろうか。和同開珎や富本銭なんていう斜に構えたコインを描いた人もいるかもしれない。小判は……あれは硬貨なのか？　わからないが、ともかくあなたの描いたコインは丸だと思う。つまり、あなたのコインに対する第一次想起は丸だということになる。

本当にそれだけだろうか。コインは丸に限定されていいのだろうか。手元にコインがある人はよく見てほしい。上から下から斜めから——横から。もうお気づきだろう、横から見たコインは長方形であり、丸ではない。誰が見ても長方形に見える。けれど、あなたは気づかなかった。第一次想起力がまだそれほど鍛えられていないからだ。心配する必要は全くない。

単にコインを丸として描いただけでなく、五〇〇円や一〇〇円などたくさん思いつけたと胸を張る人もいるかもしれないが、それらがどれも丸からの発想であれば、すべてバリエーションにすぎない。A案の対案のつもりでA'案やA''案を提出するようなものだ。対案は「丸」に対する「長方形」のように、B案やC案となるもののほうが、インパクトが強い。

五〇〇円や一〇〇円という見方はソフトウェア的である。ソフトウェアというのは、ゲームで例えるならば個々のゲームソフトであり、ゲーム機すなわちハードウェアで遊ぶためのものだ。ポケモン、モンスターハンター、ドラゴンクエスト、ファイナルファンタジーなど、こういったものはすべてソフトウェアである。しかし、ポケモンは任天堂のゲーム機でしか遊べず、プレイステーション３では遊べない。同じようにＸＢＯＸ３６０用のゲームソフトはプレイステーション３では起動しない。

さあ、みんな！
「コインの絵」を描いてみてくれ
ニヤリ
色々な角度から描いてみたわ♥
ふふっ…いっぱい描けたぜ
どん!!
君はみごと！ハードウェア発想だ！
やったー！♪
ガーン
アチャー
君らは…ソフトウェア発想だな
ハードウェア
ソフトウェア

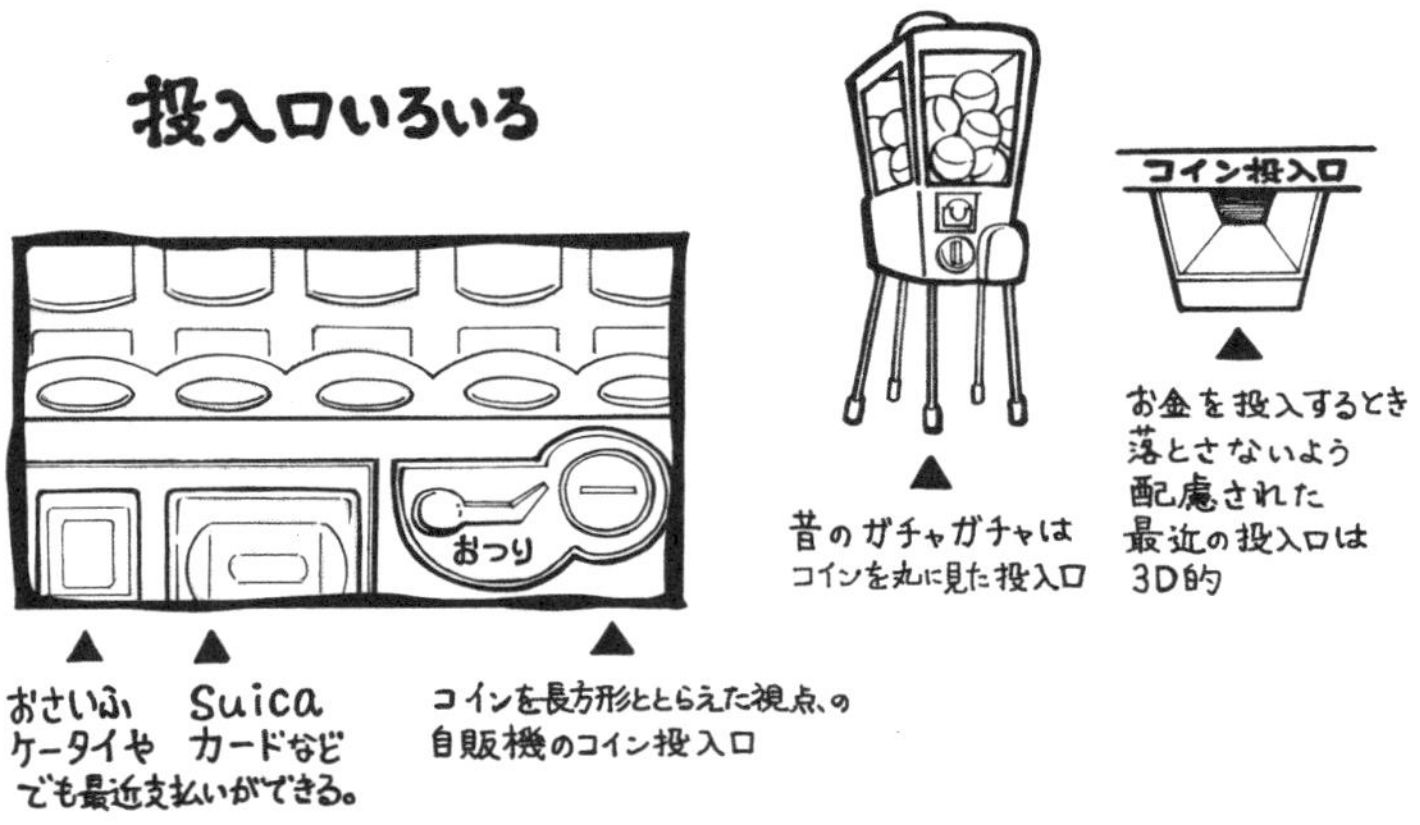
投入口いろいろ
おつり
おさいふケータイやSuicaカードなどでも最近支払いができる。
コインを長方形ととらえた視点の自販機のコイン投入口
昔のガチャガチャはコインを丸に見た投入口
コイン投入口
お金を投入するとき落とさないよう配慮された最近の投入口は3D的

コインは丸、コインは長方形という見方はハードウェア的だといえる。数分前のあなたなら自動販売機や貯金箱を発明することはできなかっただろう。コインの投入口は明らかに長方形である。ハードウェア的発想というのはそういうことであり、そこで勝負していけば必ず成功する。ソフトウェア間での競争というのは熾烈も熾烈、生き残るのは本当に難しい。だが、ちょっとものの見方を変えてハードウェア的に発想すれば（それこそが難しいのだが）、成功の可能性は高くなる。ソフトウェア開発というのはハードウェアがなければどうにもならない。ハードウェアにおんぶに抱っこなのである。

より一般的な言葉を使うと、どんな物事も一面だけではない。無数の面を持つ多面体だ。コインの形には丸があって、長方形もある。さらにいえば円柱でもある。この「も」は常に意識しておいてほしい。

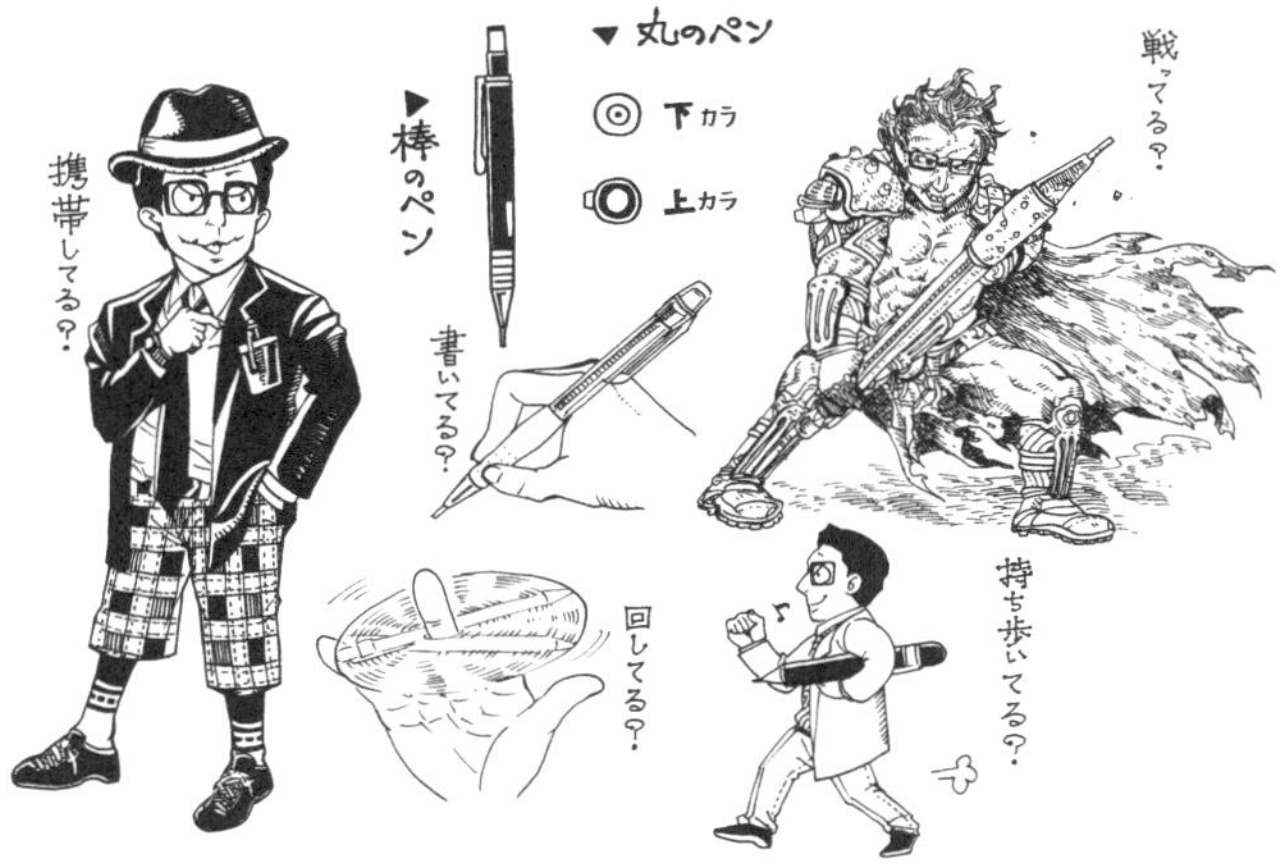

**ペンとは、小学校の頃から今日まで、
いつも一緒に○○しているものである。**

違う視点で切り込んでいく。そして気づく。いくつもの視点を持っていれば、これほど頼もしいことはない。

ペンの見方

今度はあなたが持っているその**ペンを描いてみてほしい**。**時間は同じく三分**。どうぞ。

あなたはすでに複数の視点を持っているはずなので、まずペンを棒として描いただろう。その次は点ないし丸。すばらしい。

前節と同じことを繰り返しても仕方ないので、「ペンとは、小学校の頃から今日まで、いつも一緒に○○しているものである」の○○を埋める言葉を考えてみてもらいたい。書いているもの？　回しているもの？　戦っているもの？　持ち歩いているもの？

携帯しているもの？　言うまでもなくすべてが正解だ。だが、それを総合する言葉がほしい。何だろうか。そう、行動だ。すなわち、ペンには必ず行動が伴うのである。止まっているものが動き出す——このの考え方がペンのコンセプトだ。

ペンを棒として捉え、行動を伴わせるとき、何が生まれてくるか。筆箱である。ところが、ペン（鉛筆）は筆箱の中で暴れて芯が折れてしまう。じゃあ消しゴムをクッション代わりに使えばいい。でもこれだと消しゴムが汚れてしまう。そこでキャップという発想が出てくる。おまけに鉛筆が短くなったときキャップを反対側につければまだ握れる！

では、ペンが丸に見えるときというのはどういうときだろうか。上から見たときだ。ペンを上から見る場所はあるか。ある。ペン立てに立っているペンだ。ペン立てが必要な場所といえば？　そう、ホテルの受付や銀行の窓口、空港のカウンターなどである。そこはどんなところだろう。もう一度ペンのコンセプトに戻ってみよう。「ペンとはいつも一緒に行動しているもの」。このペン立てがある場所は？そう、あなたが客、ゲストになる場所、つまり「一緒に行動しなくてもいい」場所だ。まさにコンセプトが変わった場所なのである。こういうところを面白いと感じてほしい。というのも、企画というのはこういうふうにできてくるからだ。ペンを棒でしか見なかったら、筆箱しかできない。丸でも見たから、ペン立てができる。

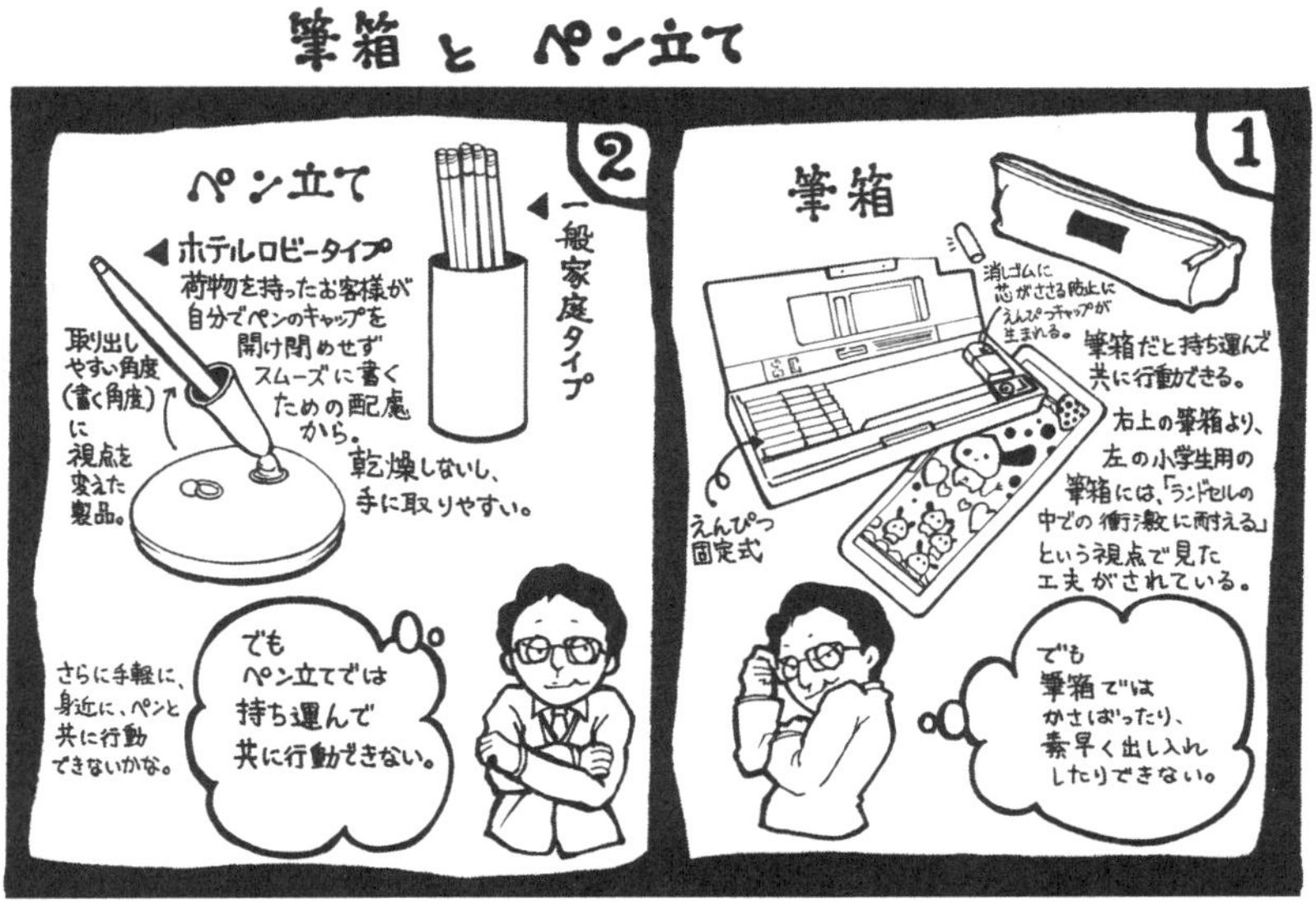
筆箱とペン立て
1
筆箱
消しゴムに芯がささる防止にえんぴつキャップが生まれる。
筆箱だと持ち運んで共に行動できる。
右上の筆箱より、左の小学生用の筆箱には、「ランドセルの中での衝激に耐える」という視点で見た工夫がされている。
えんぴつ固定式
でも筆箱ではかさばったり、素早く出し入れしたりできない。
2
ペン立て
◀一般家庭タイプ
◀ホテルロビータイプ
荷物を持ったお客様が自分でペンのキャップを開け閉めせずスムーズに書くための配慮から。
取り出しやすい角度（書く角度）に視点を変えた製品。
乾燥しないし、手に取りやすい。
でもペン立てでは持ち運んで共に行動できない。
さらに手軽に、身近に、ペンと共に行動できないかな。

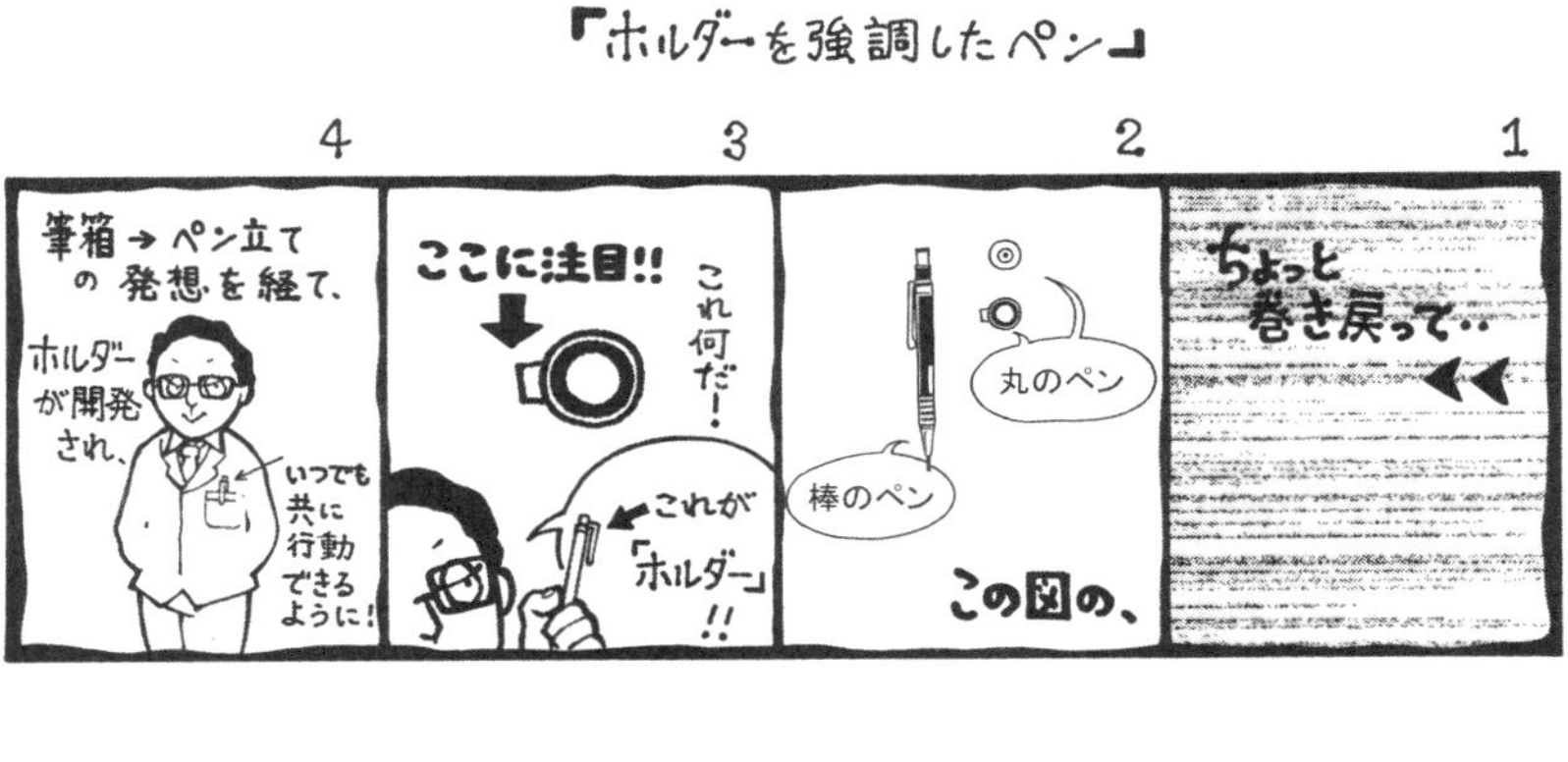
「ホルダーを強調したペン」
1
ちょっと巻き戻って…
2
この図の、
丸のペン
棒のペン
3
ここに注目!!
これ何だ！
これが「ホルダー」!!
4
筆箱→ペン立ての発想を経て、
ホルダーが開発され、
いつでも共に行動できるように！

次にシャープペンシルやボールペンを見つめてほしい。何か出っ張ったものがないだろうか。ホルダーである。これもペン立ての考え方から派生している。「ペン立てを持って動ければ便利だ、筆箱がいらなくなる」という視点からペン立てを持っている状態をイメージすると、ペンを体にくっつける——つまり、ホルダーという視点が生まれるのである。ペンひとつとってみても、少なくとも三つの見方がある。おそらくもっとあるだろう。これぞハードウェア的発想だ。

いつもと違う視点で見る

前章の三つの課題（『なんでだろう』『喝と天晴れ』『喜怒哀楽』）に対する回答が面白いときは、たいてい視点が面白い。私は祖父母の家を、おじいちゃんがいるのにおばあちゃんちと呼んでいた。そういう何気ないことに気づけるのは第一次想起力の賜物だろう。私自身、広告の世界で生き抜いてこられたのはたまたまこの力を持っており、かつコミュニケーション努力をしてきたからだろう。クライアントとの打ち合わせで、後日企画案を提出するという場合でもその場でぱっと思いついた案を言葉にする。第一次想起力でどんどん付け足していく。それだけで好印象を与えられる。

【引用文献】
『虹の解体　いかにして科学は驚異への扉を開いたか』リチャード・ドーキンス著、福岡伸一訳（早川書房、2001年）
『利己的なサル、他人を思いやるサル　モラルはなぜ生まれたのか』フランス・ドゥ・ヴァール著、西田利貞・藤井留美訳（草思社、1998年）

実は第3章で引用したドーキンスの言葉には続きがある。

「あまりに身近にありすぎて麻痺してしまった感覚がある。日常のうちにうもれてしまった感性がある。身近さや日常は感覚を鈍らせ、私たちの存在に対する畏敬の念を見えなくする。詩人の才に恵まれないわれわれ凡人は、少なくとも時々は、頭を振って感覚をくもらせている日常を振り払う必要があろう。幼児期からこのかた徐々に身についてしまった、重い日常性をふりほどく何かよい方法はないものだろうか。別の惑星に移住することなど不可能である。しかし、今まさにこの世界にまろび出た時の感覚を呼び覚ます方法がある。この世界をいつもとは違う角度から見ればよいのだ。」（傍点は筆者）

さらに動物学者のフランス・ドゥ・ヴァールはこう言っている。

「視点を変えれば、庭師に抜かれて捨てられる草も、大切にされて花をつける植物と同じくらい、ひょっとするとそれ以上に興味深く、刺激に満ちたものになる」（傍点は筆者）

いつも見ているものを別の角度で見てみると、何か面白いことが見つかるはずだ。『なんでだろう』の「気づき」はそこに潜んでいる。裏側でなくてもいい。ちょっと角度をずらすだけで十分だ。いわゆるコペルニクス的発想の転換というのは物事を一八〇度ひっくり返してみることをいうが、三〇度でも一三七度でもいいのである。四〇度と四一度の間にも無限の角度がある。視点に限りはない。第3章で毎日三つは新しいことをしてほしいと言ったのは、つまり日常を違う視点で見てみようということだ。ものを見たときは常に現在の視点に加えて別の視点でも見てみようと努力してほしい。

昨年だったか、学生がこういう疑問を書いてきた。魚の絵はなぜ顔が左向きが多いのか、右向きでも正面でも上からでもいいじゃないか、と。おっしゃるとおり。左向きに描かねばならない理由はない。

時計というものを考えるときも、振り子時計があり、壁掛け時計があり、置き時計もある。家の中に置いておくのはいいけれど、それらを持ち運ぶには荷が重い。携帯するには懐中時計か腕時計だろう（今の時代は携帯電話も時計代わりだ）。懐中時計は骨董品として価値があり、腕時計は今や宝飾として何百万円もするものがある。ファッションアイテムとしても欠かせない。この見方も時計をいろいろな視点で見ていることになる。

もしもペットボトルのラベルがなかったら？　ラベルのないお茶は、何か得体の知れない不気味な液体にしか見えない！　これが店頭に並んでいたら、あなたはきっと買わないだろう。ラベルの安心感というのは途方もない。

六角形は見方を変えれば平面に描いた立方体に見え、逆に言えば立方体はある角度から見ると六角形に見える。また、ネッカー・キューブというものがある。これは立方体に見えるように描かれた騙し絵で、普通は破線で描く隠線（本来見えない線）も含めたすべての辺が、実線で描かれている。見つめて

「魚の向き」

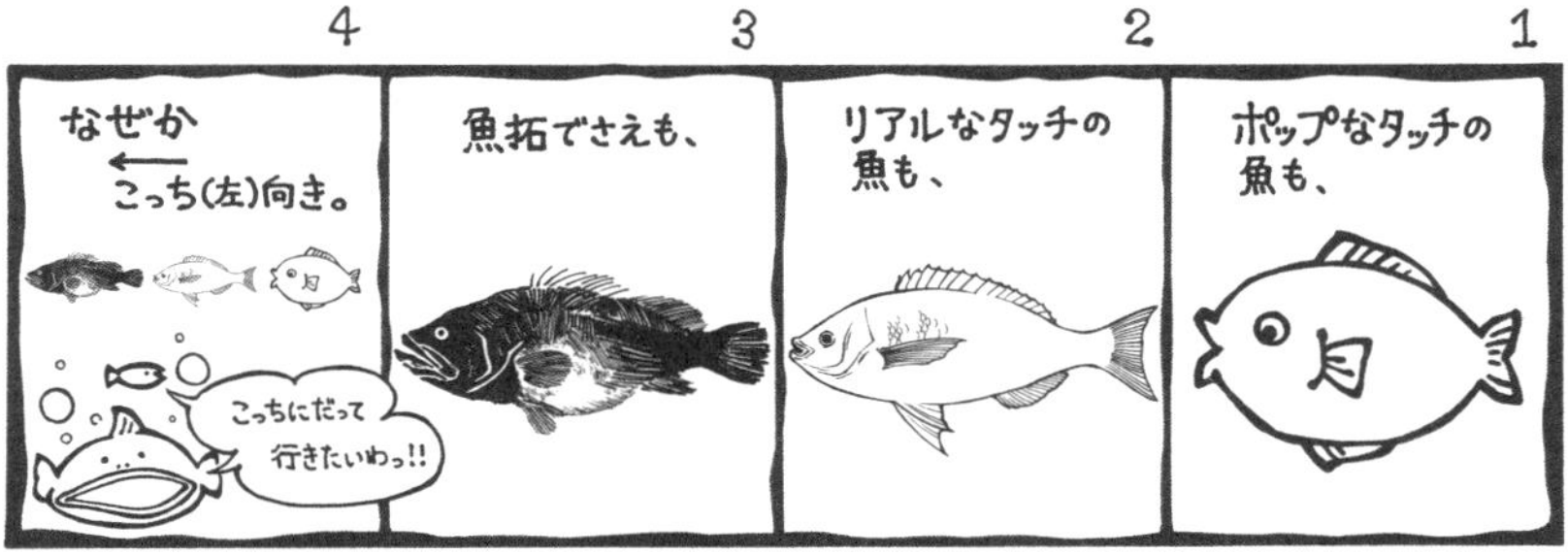
1
ポップなタッチの魚も、
2
リアルなタッチの魚も、
3
魚拓でさえも、
4
なぜか ← こっち(左)向き。
こっちにだって行きたいわっ!!

時計の種類

どこに座っているのかな?

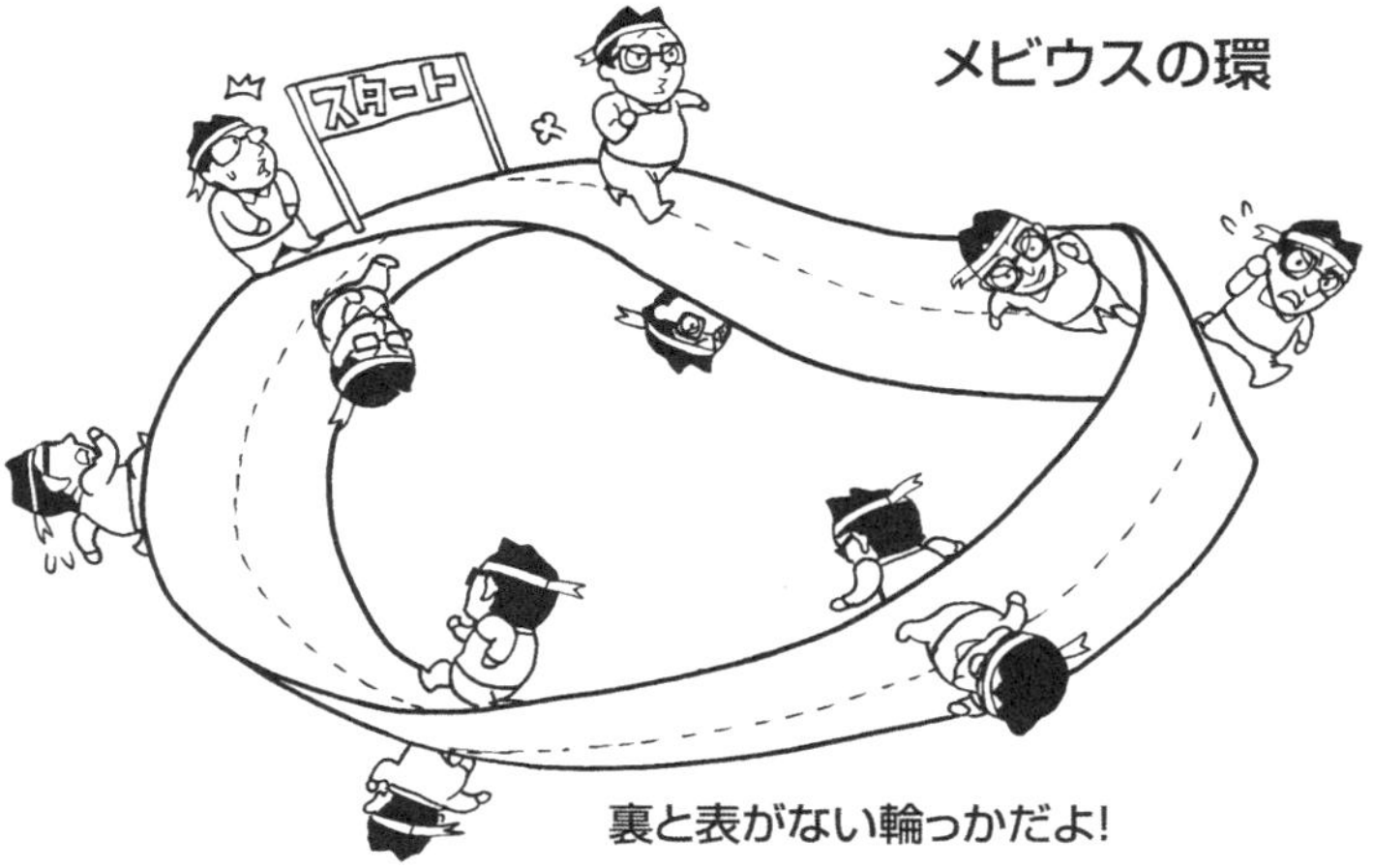

いると、最初はある方向を向いた立方体が知覚される。しかし、じっと見ていると、ある瞬間に立方体の向きが変わってしまう。この反転が何度も繰り返されるが、どちらの見え方も正しいのである。

エッシャーの『滝』という作品をご存じだろうか。落下したはずの水が水路を巡るうちに自然に上方へ昇っていき、また落ちるという永遠の循環を描いた絵である。錯覚を利用した絵だが、三次元でそれを再現することもできる。ありえないと思うことなかれ、角度を変えてみれば、そのタネはすぐにわかる。三次元の『滝』があたかも物理法則を破って存在しているように見えるのは、そう見える角度が一点だけ存在するからにすぎない。

物事には多面性があると述べてきたが、メビウスの環（一本のテープを一回だけひねって両端を貼り合わせたもの。メビウスの帯とも呼ばれる）は一面しかない。この視点も面白い。古生物学者のスティーヴン・ジェイ・グールドは「別々のものが、実は一つのものの二つの側面にすぎないということが、しばしばある」と言っている。

ライマン・フランク・ボームのオズシリーズに登場するかかしの言葉を引用して本章の締めにしよう。

《この世の中、あらゆるものがかかわっておるのですよ、それに慣れてしまうまではね。》

【引用文献】
『フラミンゴの微笑　上　進化論の現在』スティーヴン・ジェイ・グールド著、新妻昭夫訳（早川書房、1989年）
『オズの虹の国』ライマン・フランク・ボーム著、佐藤高子訳（早川書房、1979）

コラム

言い訳をしない生き方 ～追悼・小林繁氏～

寝耳に水とはこのことだ――二〇一〇年一月一七日、元プロ野球選手の小林繁氏が五七歳で急逝した。

小林氏は現役一一年間で一三九勝九五敗一七セーブという成績を残し、ベストナイン二回、沢村賞二回などに輝いた大投手である。しかし、各メディアは「投手としての小林」ではなく、「被害者としての小林」の死を報じた。なぜか。小林氏はいわゆる「江川事件」の被害者として見られていた（あるいは現在もなお見られている）からだ。

「江川事件」は一九七八年に起きた。一九七七年のドラフト会議で、クラウンライターライオンズ（現・埼玉西武ライオンズ）が江川卓氏との交渉権を得た。だが、江川氏は入団を拒否。江川氏は一年間の野球留学をし、翌年のドラフトで希望の球団（首都圏のセ・リーグ球団）に指名されるのを待った。当時の野球協定によると、クラウンライターが獲得した江川氏への交渉権は翌七八年のドラフト会議の前々日、つまり一一月二〇日まで有効だった。ところが、江川氏は西武（一〇月一二日にクラウンライターが西武グループに球団を譲渡し、西武が交渉権を引き継いだ）に入団する意思がなく、交渉権は喪失した。江川氏は二二日のドラフト会議を待つ身となる。

だが、ドラフト会議前日つまり二一日、東京読売ジャイアンツ（以下、巨人）が「空白の一日」を利用し、突然江川氏と入団契約を交わしたと発表した。コミッショナーの金子鋭氏がこれを認めなかったため、巨人はドラフト会議をボイコット。ドラフトの結果、江川氏への交渉権は阪神タイガースが獲得することとなった。

世間は巨人の身勝手なやり方を批判し、江川氏にも矛先を向けた。さらに巨人が「阪神に交渉権はない」と金子氏に提訴したり、記者会見での江川氏の冷静さがあだとなったりして、巨人も江川氏も完全に悪者にされた（私としては、江川氏は巻き込まれただけだと思っている）。

金子氏はこの問題を解決しようと「強い要望」を出した。江川氏をいったん阪神に入団させ、直後に巨人と交換トレードさせるという解決方法を望んだのである。そして翌七九年一月三一日、翌日からキャンプインするために羽田空港を訪れていた小林氏が江川氏とのトレード要員に選ばれた。巨人の当初の目的――江川氏の巨人入団は達成された。

こうして騒動を追ってみると、小林氏は確かに「江川事件」の被害者である。だが、トレード後の記者会見で小林氏は巨人および江川氏に対して恨みなど一言も漏らさず、「犠牲になったという気持ちはありません」「同情はされたくありません」「野球が好きだから、阪神にお世話になります」と発言したのである。

当時大学生だった私は、世間の論調に乗じて巨人と江川氏が悪で、小林氏が被害者だと考えていた。もちろんそれは一つの見方ではあるだろう。しかし、小林氏の訃報とともに流された当時の会見の様子を改めて見聞きしたとき、私は小林氏が全く違うものの見方をしていることに気づき、また、その言葉が巨人や江川氏、あるいは当時の監督だった長嶋茂雄氏さえも救ったのではないかという思いを抱いた。もし小林氏が巨人や江川氏をののしっていたらどうなっていたか。世間はよりいっそう彼らへの攻撃の手を強めたはずだ。あの状況でポジティブにふるまえた小林氏を、私は三一年の時を経てようやく正しく見ることができたような気がする。そのきっかけはあまりに唐突で悲しい報せだったが……。

小林氏は記者会見でこうも言った。「これは仕事なんです」「このトレードがどのような結果を出すか見ていてください」。阪神入団一年目、なんと二二勝を挙げ、対巨人戦においては無敗の八連勝を成し遂げた。投手として最高の栄誉である沢村賞も受賞した。芳しい成績を残せなくても「あんなことがあったから」と言い訳はいくらでもできたし、誰もがそれに納得しただろう。けれども、小林氏は言い訳をしない生き方を選んだ。そして野球ができることを何よりの喜びだと考えていたからこそ、現役を通してすばらしい成績を残せたのである。

今日の時代、不況を言い訳にして企業の業績低迷を語る数多くの人々にはこのようなパッションのかけらも感じない。小林氏のこの潔い、言い訳をしない生き方を「不況を言い訳」にして生活している人々の教訓にすべきではないだろうか。小林氏のように視点を変えてみれば、不況は必ずしも言い訳の理由にはならない。不況こそがチャンスであると捉えることもできるのではないか。

小林繁氏のご冥福を心からお祈り申し上げる。

第6章
パッションの継続は力なり

よく「なんでそこまで現役にこだわるの」って言われるけど

（逆に）「なんでこだわらないの？」って思う。

―――　中山雅史　―――

【引用文献】
『nikkansports.com 2009年9月24日』記事より（http://www.nikkansports.com/）

本章では第1章の続きとなるようなことを述べていく。なぜこんな中途半端なところへ挟み込んだのかというと、本章のテーマである『継続』をあなた自身に実行してもらいたかったからである。つまり、あなたは今、読むということを継続している。気持ちはどうか。本書を手に取ったときと同様だろうか。それとも萎《な》えているだろうか、ますます高じているだろうか。私はあなたを萎えさせずにここまで引っ張ってこられていると信じたい。

一九八一年に大学を卒業するとき、私には三つの夢があった。一つはFIFAワールドカップに関わる仕事をすること。これは私がずっとサッカーをやり続けていたからだ（選手として出場できないことは、残念なことにわかりきっていた）。そして尊敬する二人の人物との仕事。その人とは、村上龍氏と、リチャード・ブランソン氏である。これらの夢ないし目標に近づくために、私は広告会社を選択した。

チャンスはしばらくやってこなかった。当然だ。夢が叶うには時間がかかる。最初に叶ったのは、村上氏との仕事だ（以降は龍さんと呼ばせていただく）。そして龍さんと知り合った私は、以前から用意していたあるスケジュールを彼に渡した。そのときのことを振り返って、彼は笑いながらこう言う。「普通じゃなかった。最初から全部決まっているんだもん。俺もよく引き受けたよ」。それというのがヴァージンアトランティック航空日本就航の雑誌企画――龍さんとリチャード・ブランソン氏の特別対談だった。私にはそのときたった一つだけ確信があった。私が尊敬しているブランソン氏に、同じく私が尊敬している龍さんが会いたくないわけがない、と。一九八九年、ロンドンにて私は憧れの龍さんとともに憧れのブランソン氏との対談を実現させた。

そしてその仕事を終えてイギリスからの帰路、機上で、私は彼にまたしても突然の依頼をした。「来年（一九九〇年）のイタリアワールドカップの企画を、ぜひ一緒にやってくれませんか」。当時の龍さんはサッカーには今日ほど興味を持っていなかった。しかし、私にはまたしても確信があった。それについてはもはや説明する必要はないだろう。彼は引き受けてくれた。この仕事に関しては、特筆しておかなければならないことがある。ワールドカップの取材を進めていく中で、龍さんはサッカーをこう例え、記事を書いたのである。私がこよなく愛するサッカーを表現するうえで、この言葉を超える言葉をまだ目にしたことがない。それほど見事にサッカーを表現していた。その言葉とは、

「**創造力の戦い**」

私は度肝を抜かれた。なぜって、彼はサッカーをスポーツとしてだけでなく、芸術として見ていたのである。このとき、私の生涯の目標ができた――この言葉のとおりサッカーを捉えていこうと。サッカーを芸術として捉えるからこそ、あるいはどんなものをも芸術として見るからこそ、その人の書くものは文芸、すなわち文章芸術となる。村上龍氏の文章はまぎれもなく最高の芸術だ。

かくして、私は入社して九年を経て、三つの夢を叶えたことになる。私自身が振り返ってみて、ここ

には教訓がある。夢や目標にはすぐに辿り着けないということだ。これをしたい、あれをしたい、といくら情熱を、パッションを抱いたとしても、すぐに叶わないのは当たり前なのだから、それをいかに継続するかが重要だ。パッションは一瞬の爆発ではなく、ぐつぐつと煮えたぎるマグマでなければならない。普段は胸の奥底に秘めておき、いざ夢を叶えるチャンスが目の前にあるというときに噴火させる。第１章でのパッションとは、噴火としてのパッションだったのである。そして、火山はいずれまたいい意味での噴火を繰り返すことができる。

自分自身がやりたいこと、夢や目標をどのようにして成就させるか、しっかり考えないといけない。パッションがあるならば追い続けるべきだ。ないとしたら、追い続けても意味はない。私は無礼とわかりながら、龍さんに二つの仕事を持ちかけた。そして見事に夢が叶えられた。目標は達成されたのである。彼はこうも言ってくれる。「吉良ちゃんは情熱が違う」と。私は広告会社に入社してから九年間と少しの間、パッションを継続させた。なればこそ、想いが結実したのである。

私にとって村上龍氏は尊敬と感謝をどれほどぶつけても足りないくらいの人間だ。神のような人と言ってしまってもいい。この人に一生ついていきたい、そう思う。ここまでは私のパッションが龍さんに伝染したエピソードを述べてきたが、今度は龍さんのパッションが私に伝染した話をしよう。

それは一九九二年のことだった。次男が生まれたことで実家に帰っていた私に、一本の電話がかかってきた。前ぶれもなく突然に。電話の主は、龍さんだった。驚いたことに、彼はなんとキューバから国際電話をかけてきていたのである。何の用だろうと話を聞いていたら、「NGラバンダが日本の空を見たいと言ってる。見せてやってくれないか」とプロポーズされた。いや、それほどにかっこいい言葉だった。NGラバンダというのはキューバのバンドで、NGはNew Generation（新時代、新世代）を意味する。一介のバンドではない。メンバーの全員が国立大学レベルで音楽を学んだ、プロフェッショナルの集団だ。要するに、龍さんは私にNGラバンダを日本でスポンサードしてくれと頼んだのである。言うまでもなく、私はわかりましたと即答した。龍さんいわく、欧米の真似ばかりしている日本に、アメリカと国交のないキューバのミュージックを入れてみようということだった。後日、私はこのバンドの音楽を聴き、自分の判断が間違いではなかったことを確かめた。龍さんはその慧眼でNGラバンダを見つけ出したのである。

第一回の村上龍プロデュースとなるキューバミュージックのコンサートは、同年の秋に行われた。彼はまた、新聞紙上の記事でNGラバンダの音楽をこう表現した。「二一世紀のビート」・「炎のサウンド」と。ここでもまたその鬼才っぷりが発揮されたわけだ。まだ一九九二年だというのに、二一世紀という言葉を使うなんて！　さらには、次の時代はキューバミュージックのような音楽が中心になると断言した。

当時私が聴いた一曲は今（いつの時代における「今」でもいい）聴いてもやっぱり新しい。コンサートを聴きに来てくれた人たちも新しいと感じてくれただろう。そして、そのときから一七年を経た二〇〇九年（二一世紀！）に、私の学生たちに聴いてもらったところ、新しいという感想を抱いてくれた。あなたもきっとそう感じるに違いない。結局私は龍さんのパッションのおかげで、一二年間、つまり二〇〇四年に広告会社を退社するまでキューバミュージックに関わることになった。

それから五年後の二〇〇九年一一月二七日（まさに本書を執筆しているとき）、私は龍さんと一年ぶりに再会した。その場所というのが、彼自身がプロデュースした『ＲＹＵ'Ｓ　ＣＵＢＡＮ　ＮＩＧＨＴ２００９』のコンサート会場だったのである。私をその圧倒的なマグマに飲み込んでしまった張本人は、私が退社してからの五年間も、キューバミュージックをプロデュースし続けていたのである（ＮＧラバンダではなくバンボレオというバンドをサポートしている。人ではなくテーマを引っ張っていこうとしているのである）。このイベントのパンフレットから彼のパッション あふれ出る文章を引用したい。

≪脳から下半身に至る神経細胞が興奮しっぱなしの、最高に刺激的な夜になると思います。いっしょに踊りまくりましょう。≫

二〇一〇年、あるいはその先も、私は『RYU'S CUBAN NIGHT』になんらかの形で携わるつもりでいる。彼の尽きないパッションが、再び私を揺さぶってくれたのである。

当夜のコンサートはすばらしかった。そして私は龍さんと多くのことを語り合った。その中で、本章をあとから追加しようと思わされた彼の言葉がある。少し辛口だが、彼がそう感じている理由は理解できるし、寂しいことにそれが実情なのかもしれない。彼はこう言う。

「どんな人間に会っても情熱が足りない！　無理をしないんだ。無理をするときは無駄な無理ばっかり！　何か目標はないのか。何か夢はないのか。そういうことのために『13歳のハローワーク』を書いたのに。情熱のないやつが多すぎる。こういったイベントを一から作ってくれる情熱のあるやつはいないのか」

リスクのあることをやるのに躊躇するのはわかる。しかし、パッションがリスクを上回れば、恐れていてはいけない。踏み出すべきだ。そしてパッションは継続させなければ意味がない。パッションの継続こそ力である。継続させるためならば、何でもできるはずだ。が、嫌だから、辛いからといった理由は言語道断である。

また、龍さんの言葉には芸術性がある。というよりも、言葉自体が芸術だ。「創造力の戦い」「二一世紀のビート」「炎のサウンド」など、これらがぱっと出てくる村上龍氏は、本当に恐ろしい。彼のように、パッションがある人はいつも若くてかっこいい。

劇団四季の浅利慶太氏もまたパッションのある人である。『CATS』は二〇一〇年で二七年目の公演となるが、ずっと続いているというのはすさまじいことでありすばらしいことだ。浅利氏の理念は、タレントに依存しないこと。要するに『CATS』という作品にこだわっているからこそ、これほど長い期間にわたって人気を保ち続けられているわけだ。タレントではなく作品へ向けられたパッション。それがロングランの秘訣なのである。役者が替わることで、同じ作品でも違う味が出る。だから、古いものが不死鳥のごとく新しく生まれ変わる。これは、二〇一〇年四月から上演された『サウンド・オブ・ミュージック』の考え方にも通じている。

さて、ようやく第1章と本章をひとまとめにできそうだ。第1章では基礎力の上のパッションが、本章ではパッションを継続させることが大事だと述べた。二つの章から導き出される結論はこうだ。

基礎力の上のパッション、それを継続させることこそ力なり。

コラム

マイナーがメジャーになるとき

二〇一〇年三月に開催されたバンクーバーパラリンピックのことを本書に盛り込みたいという私の希望は、おそらく出版社にとってぎりぎりセーフの滑り込みだったと思う。しかし、この試みを許してくれた関係諸氏に感謝したい。

バンクーバーパラリンピックにおいて、アイススレッジホッケーの日本代表が銀メダルを獲得した。決勝戦の相手はアメリカ代表だった。これまでの試合は（地上波では）一度も生中継されたり録画放送されたりすることがなかったのだが、この決勝戦だけはＮＨＫで生中継された。メディアの（オリンピックと比べて、はるかに注目度の低い）パラリンピックの取り上げ方からすると、生中継というのは驚くべきことだ。日本代表が決勝戦まで勝ち進んだがゆえだろう。私の言葉で表現するならば、選手たちのパッションがテレビ局の関係者に伝染し、生中継させたのだということになる。

アイススレッジホッケーはまだまだマイナーなスポーツだ。しかし、選手たちは長年このスポーツにパッションを持って取り組み、そして最高の舞台で戦う権利を得てパラリンピック優勝にあと一歩のところまで近づいた。選手たちの平均年齢はなんと三七歳。アメリカ代表はそれよりも一〇歳以上若く、おまけに全試合を無失点で勝ち進んできた強敵だった。日本代表は惜しくも勝てはしなかったが、その健闘には私も胸を打たれた。たとえマイナーなスポーツであっても、選手たちのパッションは人の心を動かすのである。

私がなぜアイススレッジホッケーを話題にしたかというと、かつてマイナーだったが今やメジャーなスポーツとなったカーリングとの対比のためだ。カーリングは確かにマイナーだった。一九九八年の長野オリンピックではほとんど（あるいは全く）注目されていなかった。二〇〇二年のソルトレイクシティオリンピックでは少しメディアに登場する機会が増え、注目が集まり始めた。二〇〇六年のトリノオリンピックで、人気が爆発した。全試合が生中継され、女子日本代表は七位入賞を果たす。そして二〇一〇年のバンクーバーオリンピックでは当たり前のように全試合が生中継された。もはやカーリングをマイナーであると言う人はいないだろう。カーリングは、メジャーなスポーツになったのである。それはひとえに、マイナーと思われながらも真面目に一生懸命カーリングに向かい続けた選手たちがいたからだ。もちろん小林宏氏（試合の解説で絶叫していたあの方）のような「カーリングを知ってもらいたい」という強い思いを持っている人たちのことも忘れてはいけない。

アイススレッジホッケーにしてもカーリングにしても、選手たちは自分がやっていることに自信を持っているはずだ。私にはアイススレッジホッケーがカーリングと同じ道を辿るかどうかについては何も言えないが、自分のやっていることに自信を持つことが何より大事なのである。マイナーだろうがメジャーだろうが関係ない。

ところで、「マイナーがメジャーになる」というと、私はある人物を思い出さずにいられない。二〇〇九年五月に亡くなった忌野清志郎氏だ。彼は（自身が若い頃には）マイナーだったロックの道を歩んできた。周りからは白い目で見られただろう。認められることなどなかっただろう。ところが、今はどうか。ロックはマイナーか。そんなことはない。メジャーとして認められている。彼は自分のしていることに自信を持ち続け、パッションを継続させて多くの人々に伝染させた。そしてロックをメジャーにしてしまったのである！　何をしているのかと問われたとき、彼は絶対に「音楽をやっている」とは答えなかっただろう。「ロックをやっている」と胸を張って答えたに違いない。自信とはそういうことだ。

マイナーなことをしている人々は、たいてい「変わっている」という誤った評価を受けがちだ。本人たちにしてみればそれはとんでもない（あるいはどうでもいい）ことだろう。皆が燃えたぎるパッションを持って挑んでいる。私たちはマイナーなことに取り組んでいる人々のパッションを感じ取らなければならない。そこには自信と同時に並々ならぬ覚悟も備わっているはずだ。

あなたが今どんなことをしているのかは私には知りようがないが、もし私が何をしているのかと尋ねたとき、あなたには恥ずかしがったりごまかしたりせずに、自信を持って答えてもらいたい。どれほどマイナーなことであれ、パッションを継続させればいつかメジャーになるかもしれないのだから。いや、そんなことはただの結果でしかない。あなたが自信を持っているのなら、それだけでいいのである。

第7章
チャネル変換型発想

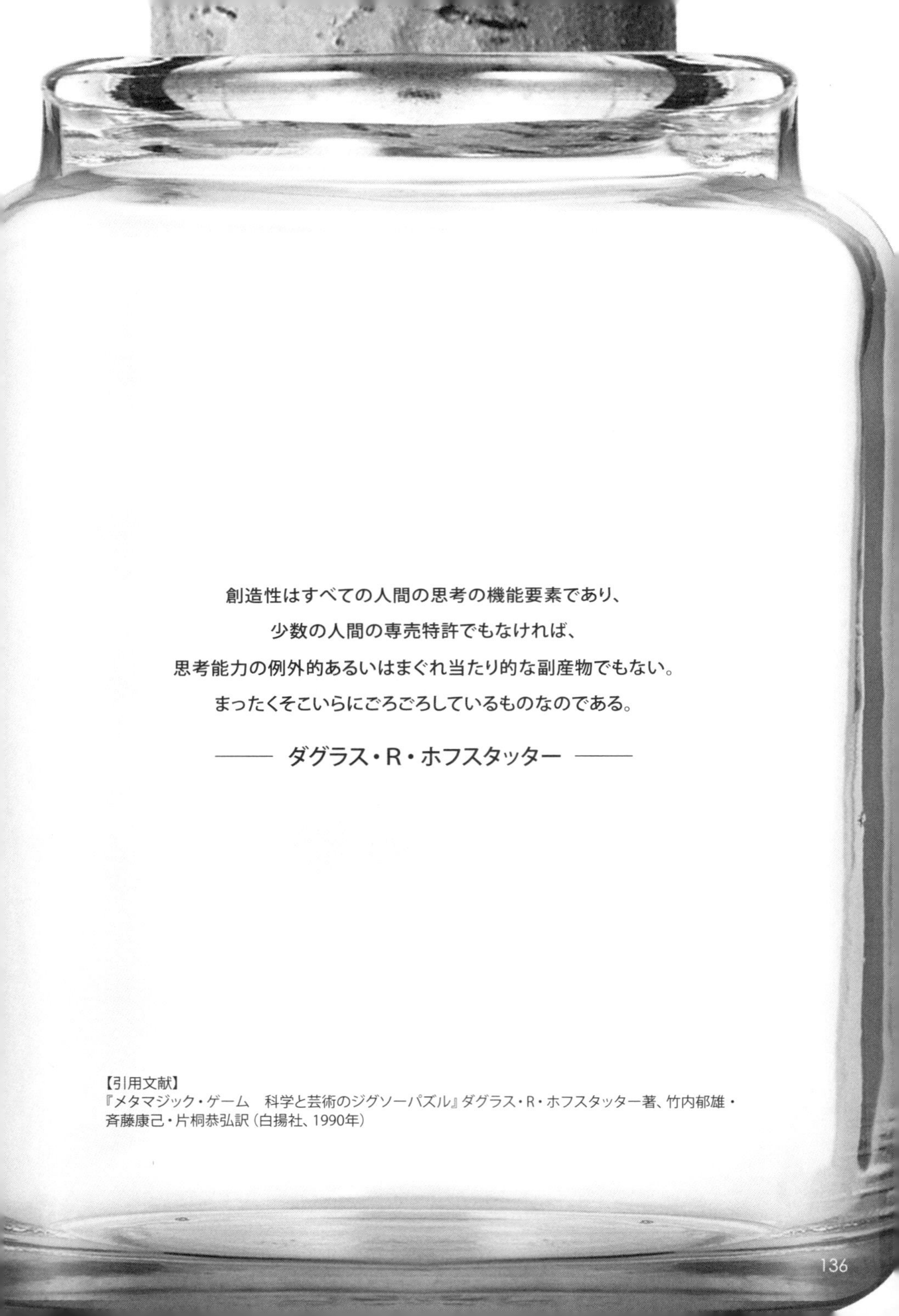

創造性はすべての人間の思考の機能要素であり、
少数の人間の専売特許でもなければ、
思考能力の例外的あるいはまぐれ当たり的な副産物でもない。
まったくそこいらにごろごろしているものなのである。

―― ダグラス・R・ホフスタッター ――

【引用文献】
『メタマジック・ゲーム　科学と芸術のジグソーパズル』ダグラス・R・ホフスタッター著、竹内郁雄・斉藤康己・片桐恭弘訳（白揚社、1990年）

ここから、具体的な発想法について述べていく。あなたはすでにコミュニケーションの必要性を知り、「気づき」に満ちた芸術的な生活を送ろうと決意し、そのための正しいものの考え方と新たなものの見方を手に入れ、基礎力に基づいたパッションについて認識を新たにしたことだろう。つまり、私は本書の主題でもある、人の二四時間を奪い取るための条件というべき、人に与えられる二四時間を持つあなたを創り始めたことになる。

本章の発想法はほかのどれよりもものの見方、すなわち視点に重みを置いたものである。第5章でのアイデアを拡張し、複合的で、深く、広い視点を提示する。物事は多面的だという言葉の真意が必ずや理解できるはずだ。

私が視点にこだわるのは、あまりに多くの人が単一的で画一的な、浅く、狭い視点しか持っていないように感じるからだ。そういう人は企画案を提出するときにA案とA'案を持ってくる。どちらも似たり寄ったりで、細部がちょっと違うだけ。筆箱とペン立てではなく、赤い筆箱と青い筆箱を考えるようなものなのである。バリエーションというのはあとで考えればいいもので、まずは大きな枠組みを複数考えることが重要だ。筆箱とペン立て、さらにホルダーを考えつける人というのは一つの企画にそれぞれ全く異なったA案とB案とC案を考えつく。そういう人は間違いなくすばらしい視点を持っている。いわばハードウェア的な視点を持っていると言ってもいい。

発想力を鍛えるには視点を鍛えることが先決であり、視点がそのまま発想力に結びつく。その方法について紹介していこう。

少し話は逸《そ》れるが、視点の話で面白い映像作品がある。『パワー・オブ・テン』をご存じだろうか。直訳すれば「一〇の力」である。私たちの日常に染み渡っている一〇進法は、一〇倍すると桁が一つ増える。そのことを用いた、当たり前のことなのにある意味衝撃的な作品である。最初にビーチで日光浴をしている人々が高度一〇メートルから映し出される。これが段々と一〇〇メートル、一〇〇〇メートル、一万メートルと上昇していく。高さが一〇倍されていくわけだ(なめらかに)。架空のカメラは月を通りすぎ、太陽を尻目にし、太陽系を脱出し、銀河系をも視界に捉え、さらに深宇宙へと移動していく。地球などほとんど一瞬で見えなくなる。今度はだんだんと一〇分の一倍ずつ地球に近づいていく。先ほど見てきた星々が後方へ去っていき、またビーチへと戻ってくる。そしてそのままある人の体の中へカメラが入っていく。皮膚、血管、細胞へと突入していき、細胞核、蛋白質、アミノ酸、分子、原子に突っ込んでいく。視界には電子があり、まだカメラは一〇分の一倍をやめず、私たちを原子核の世界に連れていく。私たちはクォークなどの素粒子を見たあと、再び逆行してビーチへの旅を始めるのである。

このように、ありふれた日常を一〇倍、あるいは一〇分の一倍にしていくと、まるで違った世界が見えてくる。天文学が直感で理解するのが困難な、恐ろしく巨大な数字を扱うために天文単位(一天文単

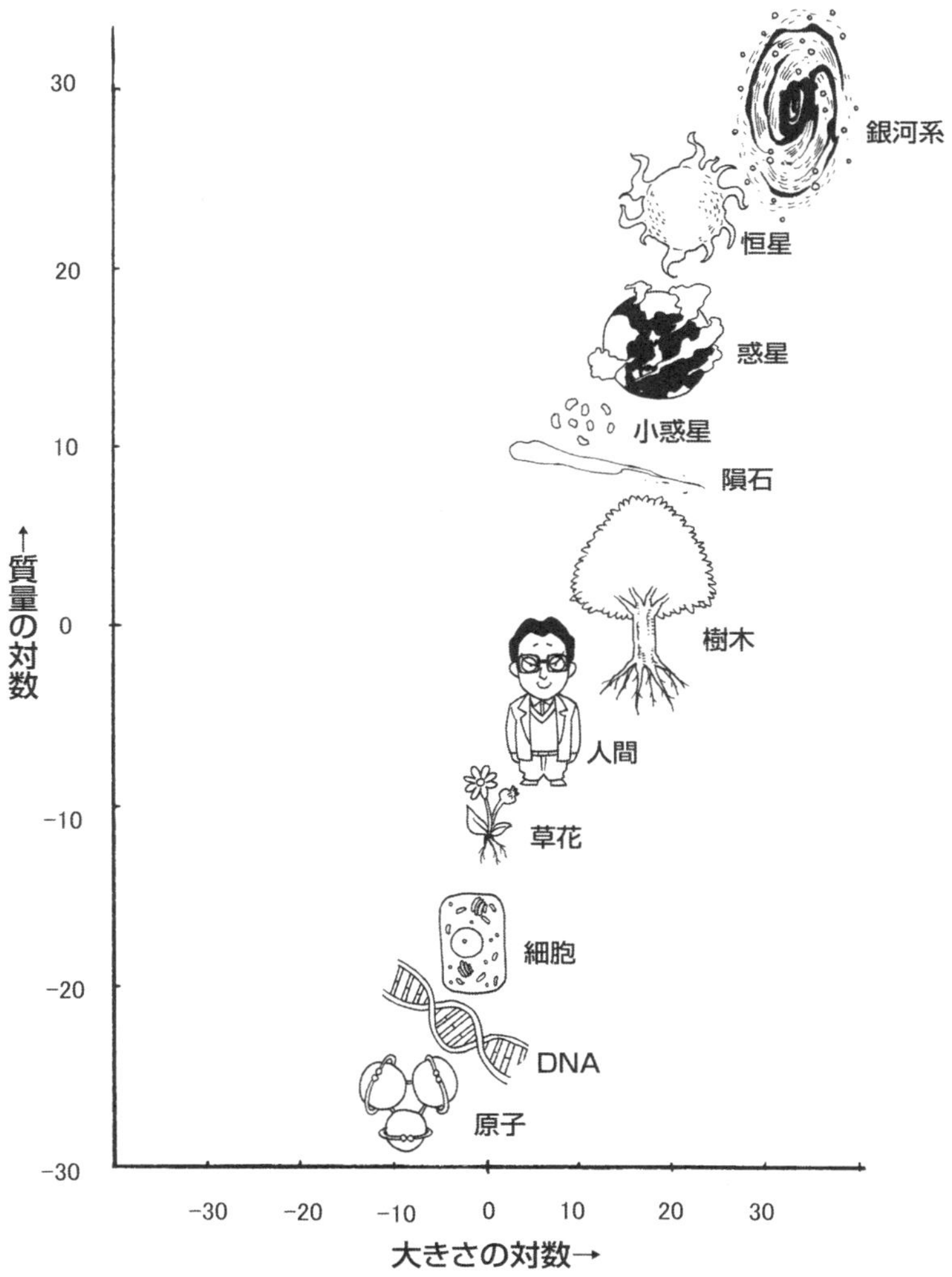
銀河系
恒星
惑星
小惑星
隕石
樹木
人間
草花
細胞
DNA
原子
↑質量の対数
30
20
10
0
−10
−20
−30
−30
−20
−10
0
10
20
30
大きさの対数→

『パワー・オブ・テン』図解

位＝地球の公転軌道の長いほうの半径＝約一億四九五九万七八七〇キロメートル）や光年（一光年＝光が自由空間を一年に進む長さ＝約九兆四六〇七億キロメートル）という単位を考案したのもうなずける。地球から最も近いところにある恒星（みずから輝く星）は太陽で、およそ一億五〇〇〇万キロメートル離れているが、次に地球に近い恒星であるケンタウロス座のプロキシマ・ケンタウリは地球から四光年以上離れている。逆に物理学では素粒子の世界を把握するためにマイクロメートル（一マイクロメートル＝一〇〇万分の一メートル）やナノメートル（一ナノメートル＝一〇億分の一メートル）といったそうそう理解できないほど小さい数を平気で扱う。巨視的（マクロ）な世界と微視的（ミクロ）な世界を見るためには、特別な――現実的で身近な世界を離れて想像に頼ることでしか得られない視点が必要だ。

私たちは『スター・トレック』や『ミクロの決死圏』のようにマクロ世界やミクロ世界に旅立つわけではないが、角度だけでなく距離（ないし高さ）さえ新たな視点をもたらしてくれるといったことを踏まえて、本書を読み進めていくことをお薦めする。

同一視点発想

一つの視点ないし角度でものを見て発想することを同一視点発想と呼んでいる。『パワー・オブ・テン』もその範疇に入るだろう。何か一つの物事を徹底的に突き詰める、いわばオタク的な視点である。

オタクが持っているものといえばなんだろうか。アニメオタクや漫画オタク、電車オタク、何を例にしてもいい。限定品？　情熱？　これらも持ってはいるが、私が言いたいのは知識である。そう、同一視点発想とは知識力向上のための発想法だ。

例としてチーターで『パワー・オブ・テン』をやってみよう。チーターを研究しようとしている若手の動物学者がいるとする。まずは分類学や行動学など、チーター自身に関する知識を手に入れる。それから、チーターを含めた環境や食物連鎖をより巨視的な生態学によって知る。さらに進化学の視点でとてつもなく長い時間を考慮する。はたまた微視的な免疫学や細胞学などを勉強する。こんな具合だ。チーターに関する知識は増えるだろう。

もっと日常的にいえば、『山手線ゲーム（古今東西）』などがトレーニング方法としてふさわしい。ご存じない方のために説明すると、例えば「山手線の駅名といえば？」とお題を出す。それに参加者が答えていき、すべての駅名が出尽くした時点で終わり、言えなかった人や同じ答えを言った人が負けである。「犬の品種といえば？」というお題でもいい。グレーハウンド、チワワ、グレートピレニーズ、ダックスフンド、ブルドッグ、マルチーズなどなど、驚くほどたくさんあるが、終わりはある。知識力を向上させるにはもってこいのゲームだ。オタクがオタクたるゆえんは、そのあふれんばかりの知識量のために

「犬の品種」といえば?
グレーハウンド
マルチーズ
グレートピレニーズ
チワワ
ブルドッグ
ダックスフンド
同一視点発想は
知識力向上にもってこいだ!

これらのゲームが得意だからなのである。世界の国や首都、県庁所在地、魚の種類……なかには終わりのないお題もあるだろうけれど、物事を同一の視点で見ていることには変わりない。

同一視点発想は知識力向上をメインにし、本書の中心である創造力向上とは少し異なる発想だが、侮ってはいけない。知識力がなくては発想力が生まれることはない。A案に対してA'案というバリエーション案を作りたいならば、同一視点発想は有効だ。

けれども、それだけでは面白いとはいえない。あるテレビ局がゴールデンタイムにニュース番組をやる、というのを聞いた別の放送局もニュース番組で対抗する——もうこれは「面白くない」のど真ん中直球である。雑誌にしても、まず軸となる雑誌が創刊され、それに追随する形で（同一視点発想的に）他社がその軸に沿った雑誌を創刊する。生き残れるほど強いのは、やはり最初の雑誌だ。

では、対案としてのB案を作り出すにはどうすればいいのか。それを提示する前に、はまりやすい落とし穴を避けてしまうことにしよう。

連想

『マジカルバナナ』というゲームがある。「バナナといったら○○」「○○といったら□□」というように、参加者が順々に答えていく。ここで実例として学生たちにやらせたバナナをお題にした『マジカルバナナ』を紹介しておこう。

バナナといったら東、東といったらお札、お札といったら金持ち、金持ちといったらベンツ、ベンツといったらビル・ゲイツ、ビル・ゲイツといったらパソコン、パソコンといったらネット、ネットといったらゲーム、ゲームといったら云々と続け、ナントカ（忘れてしまった。申し訳ない）といったら肺、肺といったら人間、人間といったらイチロー、イチローといったら野球、野球といったらベーブ・ルース。

これが連想だ。バナナが最終的にはベーブ・ルースになってしまった。両者には全く何も関係がない。あるとすればベーブ・ルースがバナナ好きだったということくらいだが、確証はないし、ほとんど意味はない。ここでよく考えてほしいのは、最初のお題が何だったかだ。野球？　イチロー？　そう、バナナである。ではバナナで発想したのは誰か。最初の一人だけだ。これは単一の発想でしかない。バナナからベーブ・ルースへ飛ぶのは確かに創造力が豊かでなければならないだろう。だが、これが何かに使えるだろうか。ゲームとして遊ぶくらいにしか使えないだろう。あなたが企画会議の議長で、こんなことをやろうと言ったらあきれられてしまうに違いない。

むろん、同一視点発想と同じく、連想も訓練しておいて損はない。連想から単一的な発想を連続してすることで、発想力はまあ多少は鍛えられる。しかしながら、これはA案とΩ案を考えるようなものだ。発想力向上にはもっと効果的な方法がある。それが次節の内容である。

バナナといったら?
束
お札
金持ち
ベンツ
ビル・ゲイツ
パソコン
ネット
ゲーム
?
肺
人間
イチロー
野球
ベーブ・ルース

チャネル変換型発想

チャネルとは道筋やルートという意味だ。テレビのチャンネルと同じである。本書では角度というふうに訳すことにする。ここで説明するチャネル変換型発想は、角度変換型発想と捉えてもらいたい。

これは創造力向上に最も効果のある発想法である。用いるゲームは『変則マジカルバナナ』だ。簡単に説明すると、「バナナといったら〇〇」をひたすら続けていく。バナナといったら黄色、バナナといったら台湾、バナナといったら云々、と。

さて、長い間ペンを握り締め続けてもらったおかげでいちいち紙とペンを用意してくださいと言う必要もない。すぐにでも実践できそうだ。もちろんあなた自身にやってもらいたい。

注意点は四つ。一つ目は、必ず答えを名詞にすること。形容詞や動詞を思いついても、名詞に変換する。二つ目は擬態語や擬声語などオノマトペ(擬音語)でも構わない。三つ目は制限時間について。メドは三分。五分でもいいが、はっきり言って長い。久しぶりに水泳をしたりテニスをしたりしたら、使っていない筋肉が痛くなるだろう。あなたは今まで(おそらく)『変則マジカルバナナ』的な脳の使い方をしてこなかっただろうから、これが終わったあと、ひどく脳が疲れることになる。なので、三分にする。きっちり計測するように。四つ目は、のちほど解説しよう。

では、スタート。バナナといったら？

はい、終わり。まずはあなたが紙に書きつけた答えを処理していこう。これが大事な作業だ。マーケティング業務においてアンケートを実施して集めたデータをそのままにしておくなんてことがありえないのと同様だ。

あなたは答えをいくつ書けただろうか。初めてやって二〇個から三〇個であれば優秀だ。それ以上ならばなおさらである。が、それ以下でも落ち込む必要は全くない。これから増やしていけばいいだけだ。きっとあなたの頭の中はぐちゃぐちゃになっているはずだ。それが脳の疲れである。筋肉の疲労のような明確な感覚はないだろうが、何かを考えようとした途端に思考がストップすると思う。それくらい頭を使って、やっと発想ができるわけだ。

それでは１４９頁の答えのサンプルを見てみよう。ここで四つ目の注意点を挙げる。けっして他人の答えを否定しないでほしい。否定は何も生み出さない。というよりも、否定する必要がない。なぜなら、それは他人の考えなのだから。

この答えの中で、色のパートの中の「白」という答えに注目してほしい。あなたの紙に「白」と書いて

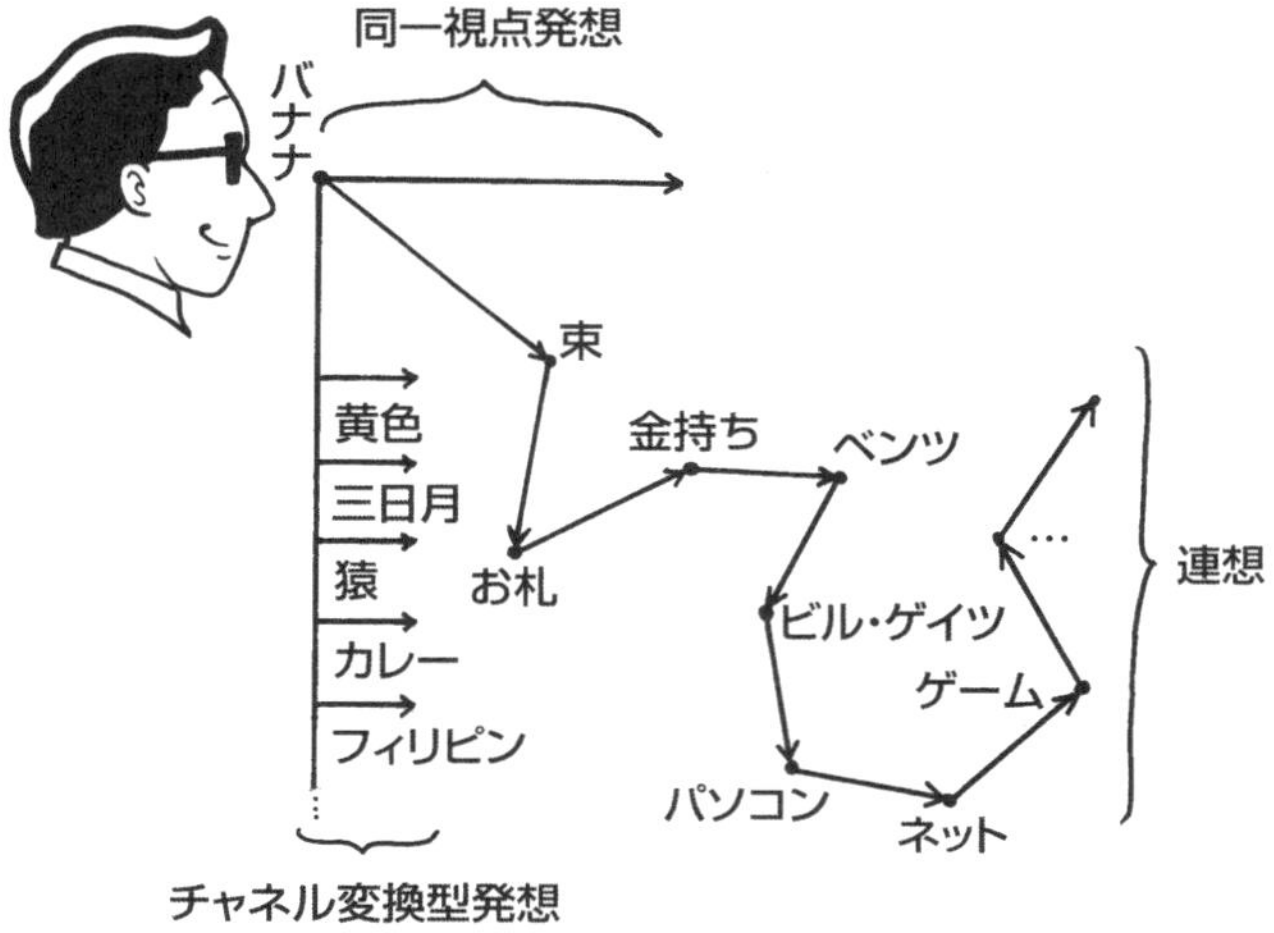

あるだろうか。書いていない人は、本当にこの機会に恵まれてよかったと考えるべきだ。まさに、白と考えた人の二四時間をもらった瞬間である。普通、バナナの色は黄色と発想する。「白」と答えられた人というのは、頭の中でバナナの皮をむけた、つまり動作をイメージできた人なのである。

熱帯とか東南アジアと書いた人はまとめたがりだ。そういったまとめるやり方は、次に述べる抽象化であって、答えを書き出したあとにやることだ。チャネル変換型発想では、なるべく個々の国や物事を答えたほうがいい。注意してもらいたいのは、チャネル変換型発想をしているはずなのに途中で同一視点発想になっていなかったかということだ。原産国を延々考えたり、形を延々考えたり、料理を延々考えたり——それに引っかかってはいけない。

バナナの答えを分類したもの

●料理・デザート●

チップ　チョコ　ジュース　ドライフルーツ　野菜いため　酒　クレープ　ケーキ　パフェ　天ぷら　東京ばな奈　ヨーグルト　焼きバナナ　ロールケーキ　グラタン　サラダ　お好み焼き　カレー　シェイク　プリン　フレーク　SOYJOY　スナック　アイス　パスタ　ピザ　丸ごとバナナ　サンドイッチ　マフィン　ピーナッツバナナ

●色●

黄色　白色　黒色　緑色　レインボー

●原産国●

イタリア　台湾　インドネシア　マレーシア　タイ　フィリピン　ベトナム　ボルネオ　中国　沖縄　ブラジル　アメリカ　スコットランド　シンガポール　エクアドル　パプアニューギニア　南国　熱帯

●動物●

ゾウ　ウサギ　アルパカ　カブトムシ　ナマケモノ　サル　カメ　キリン　コアラ　ゴリラ　チンパンジー　マントヒヒ　アライグマ　ハムスター　イヌ

●人●

ガッツ石松　高田純次　バロン吉元　江頭2：50　松岡修造　バナナマン　岡村隆史　黒柳徹子　ギャル曽根　森公美子

●その他●

たたき売り　輪切り　通販　束　ブーメラン　冷凍　三日月　苗木　ボート　爪　マラソン　ダイエット　寝袋　スタンド

そんなわけで、次にこれらの答えをまとめなければならない。出たアイデアを分類し、抽象化し、体系化するのはデータ処理の基本である。チーターを例にすると、チーターやライオン、ジャガー、トラ、オセロット、ピューマなどはすべてネコ科である。このネコ科というくくりにまとめる、つまりエッセンスを抜き出してひとまとめにすることを抽象化という。ネコ科はまたイヌ科やクマ科などとともに食肉目にまとめられる（「目」は「科」の上位の分類単位。ネズミは齧歯目《げっしもく》で、チンパンジーは霊長目である。「目」もまた「綱」にまとめられる）。

前頁の一覧表は、料理・デザートや色、原産国といった項目が抽象化の結果で、それぞれの項目の下に列挙しているのが個々の事例である。

ところで、あなたに訊いてみたいことが一つある。あなたはこの表の答えをすべて一人で書き出すことができただろうか。できなかったはずだ。人間一人では限界がある。けれど、この表のように他人の二四時間をもらえば、アイデアは何倍にも膨れ上がる。

第1章で社会をつくる動物にコミュニケーションが発達したと明らかにしたが、つまり、一人ではできないことをするために他人の力が必要だったのである。人間に焦点を絞れば、社会をつくることでより大型の動物（マンモスなど）を狩ることができるようになり、共同作業により食糧の備蓄や育児の負担が分散したのではないか。表の答えをすべて書けなかったからといって悩むことはない。人間は完璧な存在ではないのだから。

進化心理学者のニコラス・ハンフリーがこう考察している。「ある個体があまりにも賢すぎるときには、他の個体と協力する必要がなくなり、実際に単独行動に移行する傾向が出て、チームワークや協力がもたらすかけがえのない利益を獲得し損なうことになるだろう」。一人で一の収穫を得られるとしよう。一〇人集まれば一〇の収穫があるだけかもしれないが、もしかしたら協力したことで効率が増し、一一（あるいはそれ以上）の収穫を得られるかもしれない。すると一人当たりの収穫は一・一。これはどう考えても一しか得られないよりいいことではないだろうか。

それではこの答えを使って、ＣＭの簡単なストーリーイメージを作ってみる。クライアントはバナナ輸入関連会社。予算は自由。ロケもタレントもあり。ターゲットは日本人の家族。ワールドワイドにＣＭのストーリーを考えよう。というわけで、原産国と動物を関連させる。ヨーロッパはイヌ、南米はナマケモノ、東南アジアはゾウ、アメリカ（ハワイ）はキングコング、中国はパンダ、アフリカはキリン。売り方は叩き売りだ。タレントはガッツ石松氏。ストーリー（ストーリーボード）サンプルを作ると、こんな感じになる。

空に浮かぶ三日月をバナナに見立て、原産国の動物たちがそれを摑む。それをブーメランに

【引用文献】
『喪失と獲得　進化心理学から見た心と体』ニコラス・ハンフリー著、垂水雄二訳（紀伊國屋書店、2004年）

変え、日本に向けて投げる。ガッツ石松氏がキャッチ、そして叩き売りして各家庭へ。各家庭のテーブルにはさまざまな料理が運ばれてくる。そして最後に「日本人はバナナが大好き」。これをA案としたら、B案もC案もD案も作れるだろう。A'案はガッツ石松氏が松岡修造氏になるにすぎない。それが、単なるバリエーションであることは自明である。

発散したら収束させる。でなければ、点と点が結びつくことなくふわふわ浮かんだままになる。発想力を鍛えるだけならそれでもいいかもしれない。しかし、チャネル変換型発想を実際に使おうとしたら、分類や抽象化や体系化、さらにはCM作成といった収束が不可欠である。

ブレーン・ストーミング

企業に勤めている人は「ブレーン・ストーミング」という言葉を聞いたことがあり、実際にやったこともあるだろう。チャネル変換型発想と字面が違うだけで、中身は同じである。直訳すれば脳の嵐だ。おそらく知識と発想が頭の中で嵐のように吹き荒れることからこの名がついたのだと思われる。嵐のあとに疲労という凪《なぎ》が訪れるのも含めて、ブレーン・ストーミングというわけだ。

何かを企画したりプロデュースしたりするとき、この方法は非常に役に立つ。ところが、何人かが集まる会議でブレーン・ストーミングをやると、できているようで全くできていない場合がある。それを含め、本章のまとめをしていこう。

ブレーン・ストーミングのルールは、変則マジカルバナナと同様である。名詞で発想する、オノマトペでも構わない、時間は三分、他人の答えを絶対に否定しない、この四点。そしてもう一つ、会議で行うときでも、必ずまずはそれぞれ一人で発想しなければならない。私はこれを**一人ブレーン・ストーミング法**と言っている。よくあるのはテーマをホワイトボードの上段に書き出し、いきなり議長が参加者に尋ねていくという形。これは最悪のパターンだ。特に参加者に上司などの権限を持つ人がいれば、部下たちは「それいいですねぇ」なんて言ってご機嫌を取ろうとし、ごますり型に陥ってしまう。前に述べたが、自分でやらなければ自分で気づけなかったことに気づくことはできない。だから、議長は参加者に尋ねる前にそれぞれにブレーン・ストーミングを一人でやらせなければならないのである。まさに「一人ブレスト（ブレーン・ストーミング）」の実践である。

そのあと、それぞれが順番に答えを発言していく。発散である。答えがすべて出尽くしたら、議長が嵐を収束させる。そして目的に応じてそれらを利用する。この流れが大切だ。

私が芸術大学で教えている都合、その方面に向けて言っておこう。芸術活動にもブレーン・ストーミングやチャネル変換型発想は当然使える。何かを作ろうというとき、テーマを定めて思いつくことすべてを発散する。その中からストーリーなり設定なりを拾い上げて収束させる。そうやってできた、他人とは違う視点で作ったものは、文章や絵が多少下手でも間違いなく面白い。

クリエイティブな仕事を求められていない人にとってもチャネル変換型発想は重要だ。例えばごく一般的なサラリーマン（これがどういった人を指すかはあなたのご想像に任せる）が、二〇〇八年のリーマンショックについて考えるとしよう。そのとき、漠然と「不景気だ不景気だ」とオウムのように繰り返すのではなく、チャネル変換型発想によってリーマンショックが世界経済、あるいは日本経済にどういう影響をもたらしたのかを考えるほうがよほどいい。そのブレーン・ストーミングの結果が第12章にある。ここでは自動車産業と住宅産業についてチャネル変換型発想をしている。ぜひそこまで読み進めて、どう発散しどう収束したかを見届けてもらいたい。これだけは言えるが、答えは空にはない。私たちの頭の中にある。

コラム

すぐそこにある

チャネル変換型発想を用いて何か企画を作ったとして、それはどこか知らないところ、全くのゼロから創り出したものだといえるだろうか。ある意味ではそうかもしれない。それが出来上がるまではどこにも存在していなかったのだから。しかし、実際には頭の中にすでにあったものを絞り出しただけである。組み合わせることで新しさが生まれたわけだ。

この「すでにある」という考え方は、ライマン・フランク・ボームの一四作あるオズシリーズの第一作『オズの魔法使い』(邦訳は早川書房ほか)におけるテーマの一つともいえる。ボーム自身が意図して寓話的にしたのかはさておき、私たち読者は作中にこのテーマを容易に見出すことができる。あまりに有名なので読んだことのある人は多いはず(名前は知っているけれど読んでいないという人も多いかもしれない)。

主人公のドロシーはカンサス(カンザス)から家ごと竜巻に運ばれて、オズの国の首都エメラルドの都の東にあるマンチキンの国にやってくる。その際、家が東の悪い魔女を踏み潰し、ドロシーは魔女の履いていた魔法の靴を手に入れる。ドロシーはカンサスに帰るためにオズの国を冒険するのだが、実は魔法の靴にはオズの国を取り囲む死の砂漠を飛び越える力があった。最終的によい魔女グリンダがそのことを教えてくれるものの、解決策はすぐ足元にあったのである（冒険の間ずっと踏みつけていた！）。

最初に仲間になるかかしは、賢明になるため、頭に詰められた藁の代わりに本物の脳ミソをほしがる。しかし、冒険の最中、一行を幾度となく救ったのはまぎれもなくかかしの知恵だった。オズを治める大魔法使いは自分がインチキで、魔法など使えないことがばれたくないがために、かかしにすでに賢明さが備わっていると言う。結局かかしは魔法使いに本物の脳ミソを与えられたと勘違いし、自分が賢明になったのだと自信を持つ。自分にはないと思い込んでいた賢明さはすでに頭にあったというわけだ。

ブリキのきこりは優しさや思いやりを得たいがために血の通う心臓を望んだ。もちろん冒険の間に見せる気遣いや情愛は本物であり、心臓など必要なかった。が、きこりも魔法使いに偽物の心臓をもらい、ようやく自分に優しさが宿ったのだと自信を持つ。

ライオンは勇気を求める。あまりに臆病で、いつもびくびくしているのが嫌だからと。言うまでもなく、冒険においてライオンほど勇猛果敢に仲間を守ろうとする者はいない。それでも魔法使いに勇気を与えられたと勘違いしてからでないと、自分に勇気があるのだと思うことができなかった。

四人とも、求めているものをすでに持っていたのに気がつかなかった。グリンダや魔法使いにきっかけをもらってやっと、ドロシーはそれを手にしていると知り、ほかの三人は自信が持てた。読者からすれば「すぐそこにあるのに！」と言いたいところだ。

お察しのように、チャネル変換型発想こそがそのきっかけに当たる。そして『オズの魔法使い』をチャネル変換型発想で創作したのがミュージカル『ウィキッド』である。ブロードウェイで複数のトニー賞を受賞し、日本では劇団四季が東京公演を経て現在、大阪・阪神四季劇場でロングラン公演を行っている。そのサブタイトルは『誰も知らない、もう一つのオズの物語』。劇中で、フィエロやエルファバは「物事を違う角度から見ている」という言葉を使う。まさにこの発想法の原点だ。

アイデアや企画はすでにあなたの頭の中にある。その中身をどのように引き出してきて、巧みに使えるかが重要なのである。私の言いたいことはただ一つ――発想はすぐそこにある。思考の遠出をする前にまずは頭の中のものをすべて絞り出してみること、これを一言でまとめたのがチャネル変換型発想という言葉だ。

第8章
5W1H 発想法

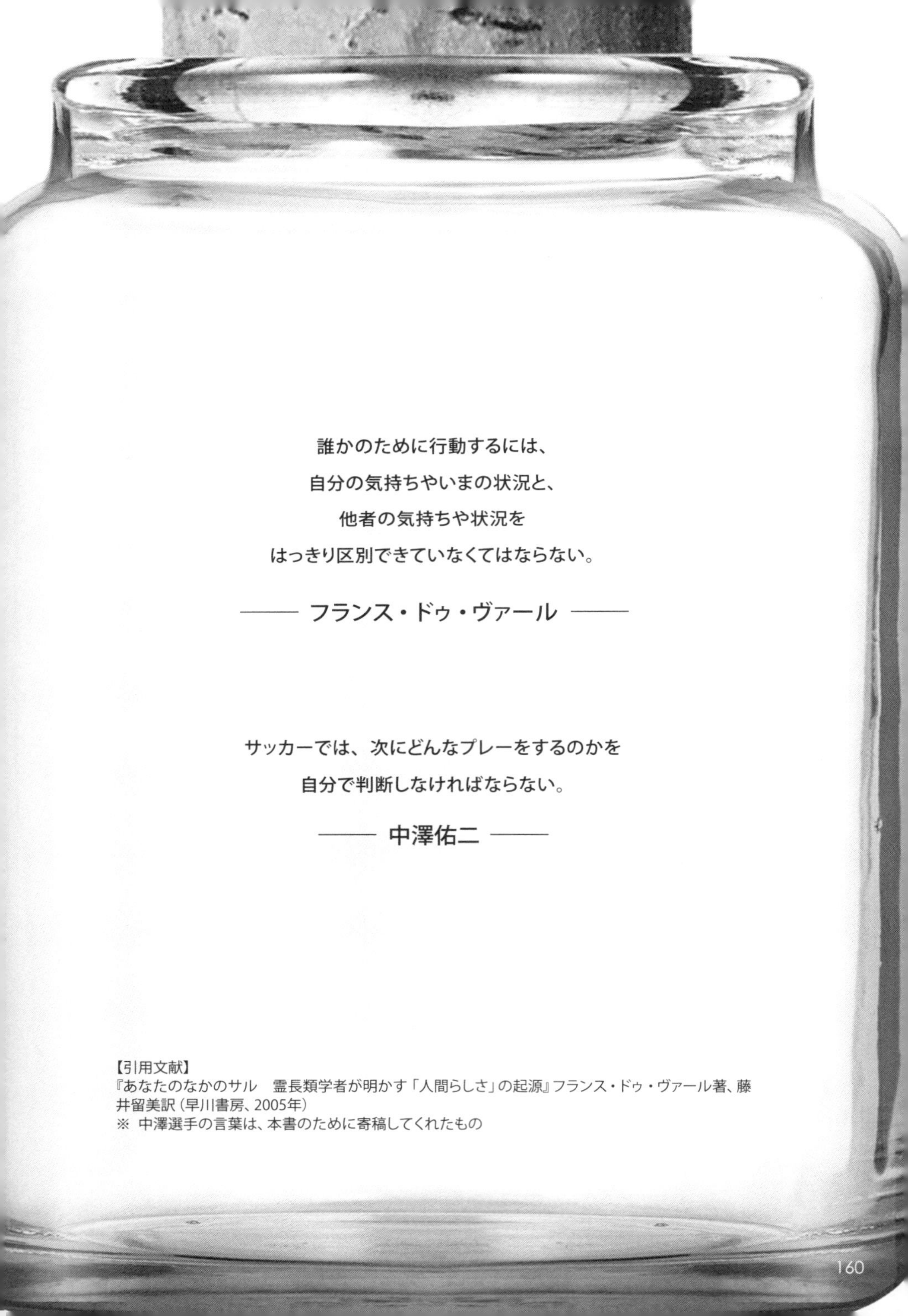

誰かのために行動するには、
自分の気持ちやいまの状況と、
他者の気持ちや状況を
はっきり区別できていなくてはならない。

―― フランス・ドゥ・ヴァール ――

サッカーでは、次にどんなプレーをするのかを
自分で判断しなければならない。

―― 中澤佑二 ――

【引用文献】
『あなたのなかのサル　霊長類学者が明かす「人間らしさ」の起源』フランス・ドゥ・ヴァール著、藤井留美訳（早川書房、2005年）
※ 中澤選手の言葉は、本書のために寄稿してくれたもの

第７章で、私は視点に重点を置いたチャネル変換型発想という発想法を提示した。読み進めていく中で、自然とこう感じたかもしれない——バナナについてよりたくさん発想できるほうが優れているのか、と。そのとおり。そもそも発想力があるというのはどういうことだろうか。それは「アイデアをたくさん創出する力のこと」である。すなわち、第７章は量という概念に基づいた発想法だったわけだ。量があればその中で、使えるアイデアに巡り合えるチャンスは確実に増加するはずだ。チャネル変換型発想は百発一中の発想法とも呼べる。

しかし、これでは物足りないと言わざるをえない。量だけで発想力を定義するのが不十分だとすれば、ほかに何が必要だろうか。そう、量と対をなす概念である質を高めるしかない。発想力は量だけでなく質の観点からも定義しなければならない。それは「優れたアイデアを創出する力のこと」である。これで発想力をきちんと説明できる。発想力とは「優れたアイデアをたくさん創出する力」のことだ。

本章では質という概念に基づいた発想法を述べていく。いわば一発必中の発想法である。第７章と第８章を読み終えたとき、二つの発想法があなたの頭の中で卵かけご飯のようにうまい具合に混ざり合ったら、百発百中の発想法が出来上がる。大げさな表現ではあるものの、その発想法を用いることで発想力は間違いなく向上する。

発想力という言葉は私も仕事上よく耳にするし、口にもする。だが、発想力とはなんのことなのかを

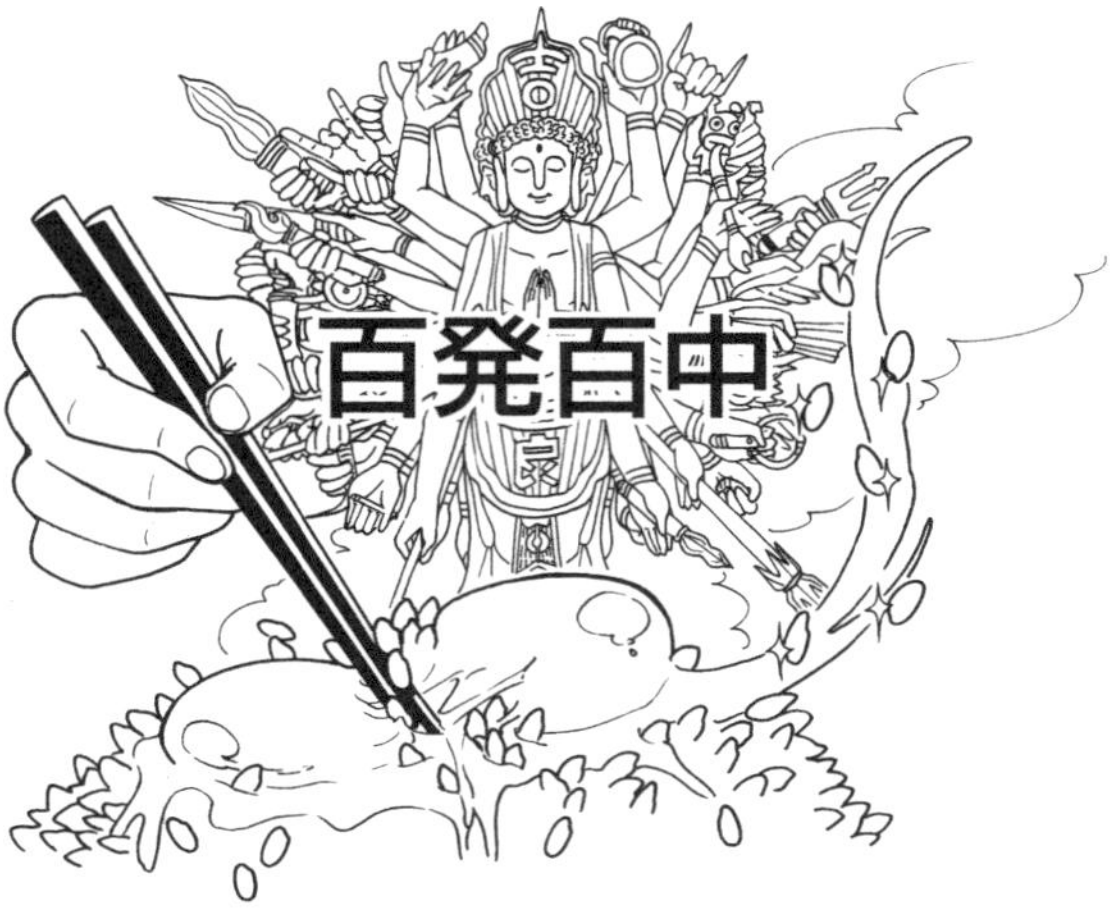

卵＋ご飯＝卵かけご飯

はっきり理解している人は少ないように思う。あなたはもう「発想力って何？」と尋ねられても答えることができるだろう。
それでは紙とペンを用意してもらい、本題へと進んでいこう。

行動の支配者

最初に問題を出すので、その答えを手早く書き出してほしい。

あなたは今、山を登っている。あと少しで頂上だと思ったところ、さらにその先に山があった。そのときあなたはどうするか。

この問題の答えを尋ねると、ある人は「登る」と

山登りを始めたけど、その向こうにさらに山が・・・
さて、あなたならどうする?
よーし
登るぞ!
まだ向こうに
山があるな…

答える。ある人は「休む」、またある人は「下りる」。ほかには「掘る」「準備する」「確認する」「判断する」「回る」「食べる」「描く」など、いろいろな答えが出てくる。

実はこれは私が会社員だった頃に入社試験の面接官として受験者に出していた口頭問題である。私の採点方法は単純で、問題に対して私の意図を捉えた答えだったら合格にしていた。

この問題の最初のポイントは、この問題に対して疑問を持ち「え？　もう問題は終わりですか？　わからないところを質問したいな」と思ったかどうかである。質問したいと思った人はアイデア力を増強させる素養がある。だが、質問したいと思わなかったとしてもご安心を。そんなあなたのために本書がある。

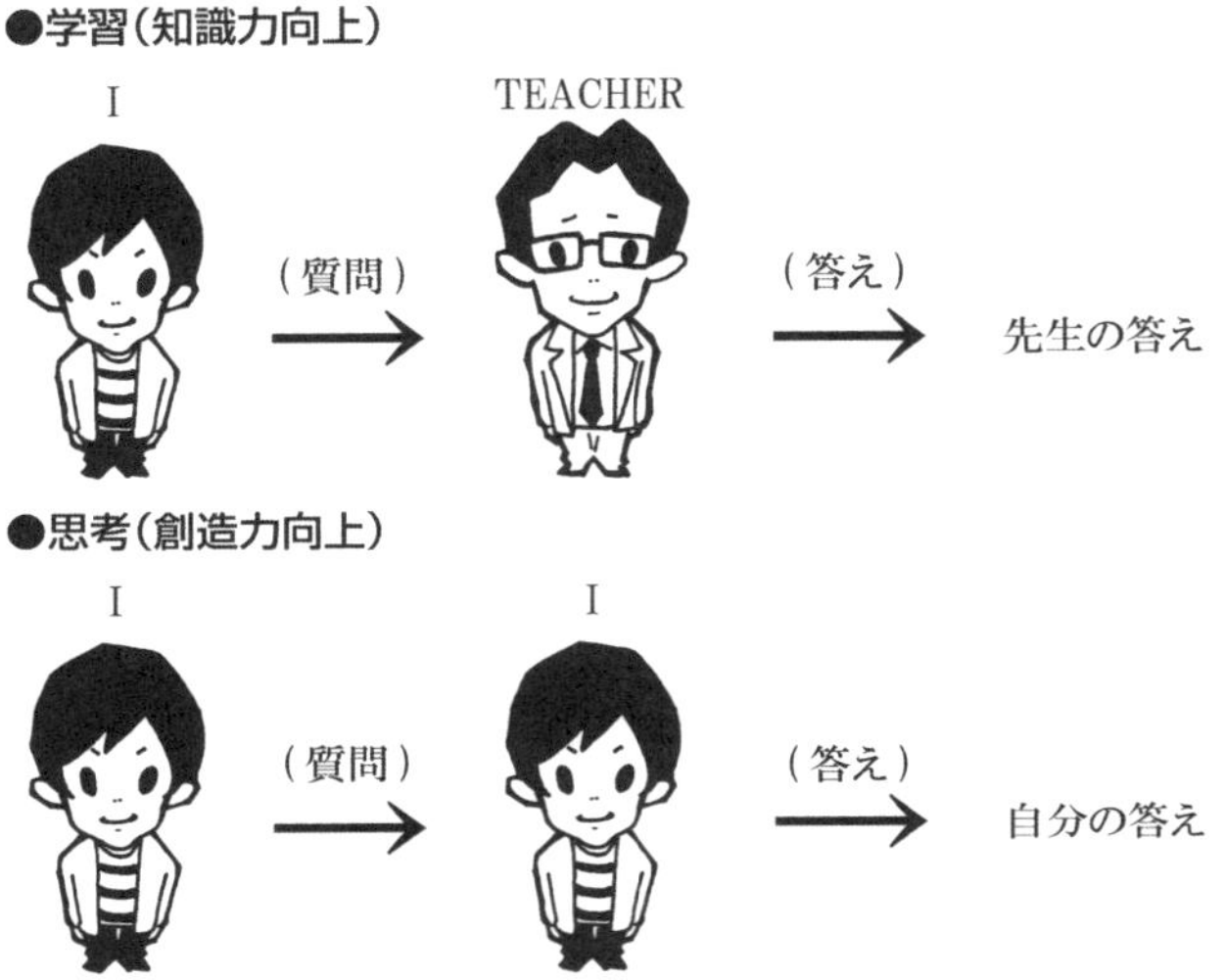

　では、ここで「質問」ということについて考えてみよう。あなたは小学校以来、わからないことがあると、誰に質問してきただろうか。先生？　お父さん？　お母さん？　あるいは友達？　誰でもいいので、ここでは先生ということにしておく。すると、先生が答えてくれた。よかったよかった、これでわからないことがわかるようになった。と、言うまでもないがここで終わるはずがない。得られた答えはいったい誰の答えだろう。お祭しのとおり先生の答えである。ところが、これは私の意図とは違うし、この知識の得方には問題が一つある。

　まずどこがどう私の意図と違うかを説明していくことにする。あなたが質問するというのは全く正しい（図では一般的にするため自分としているが、随時使い分けることにする）。けれども、最終的に先生の答えではなくあなた自身の答えを出さなければ創造力は向上しない。あなたはあなたに問うべきなのである。そしてあなたが答えを出す。先生に質問すると知識力向上は期待できるが、創造力向上は期待できない。

次に問題を片づけよう。先生の答えを聞いたあなたは、そうなのかと満足する。これがよくない。たとえ物知りの先生が言ったことであったとしても、自分でそれが正しいかどうか検証しない限りは本当の知識とはいえないのである。空がなぜ青いか（あるいは赤いか）、と質問して、先生に答えを教えてもらったとする。それを自分で検証して確かめるのはとても根気がいる。だが、空の青さの秘密を説明している本はいくらでもある。そういったものを調べ、先生の答えの正しさを知り、そして知識とする。本物の知識とは検証なくしてはありえない。

水が何度で沸騰するかを教えてもらったら、水を入れた鍋をコンロにかけて温度計で沸騰しているときの温度を実際に調べてほしい。それでやっと水は摂氏一〇〇度で沸騰するという知識が得られる。さらに水はなぜ摂氏一〇〇度で沸騰し、摂氏〇度で凍るのかという疑問が湧くかもしれない。そうすれば水が沸騰する温度を摂氏一〇〇度とし、凍る温度を摂氏〇度と定めたという知識も同時に得られるかもしれない。そうするとまた摂氏とは何かという疑問が湧き、華氏や絶対温度というものに興味を持つかもしれない。まさに『なんでだろう』の連鎖だ。

先生！
水って何度で沸騰するんですか？
摂氏百度で沸騰するよ
でも
本当に百度で沸騰するかどうか
実際に検証してみないとわからないよね
はい！
検証中…
あ！
本当に摂氏百度で沸騰したよ！
それにしても…摂氏百度の「摂氏」って何？

日本の教育の問題点はこの検証という作業が疎《おろそ》かになっていることと、なんでもかんでも先生に質問させる一方、子供たちに自問自答させるということをしないところにあるのではないだろうか。わからないことがあれば先生に訊《き》きなさい、大人に訊きなさい――こういうことをよく言われた人もいるだろう。

ここで山登りの問題に戻ろう。この問題において、あなたはどんな質問を自分にすべきなのか。前述の答えの例はすべて動詞だった。動詞とは行動を意味する。行動はそんなに簡単なものなのか。行動するためにはかなりの思考が必要なのではないだろうか。あなたに問いたい。あなたは陽が沈みかけていても山を登り続けるような、無謀な行動をする人なのか、と。

要点は、行動とはなんによって決まるかを考えることだ。時間？　場所？　目的？　いや、それらをすべてひっくるめた、最もふさわしい言葉がある。「状況」だ。そう、「状況」が大切なのだ。

5W1H発想法

山登りの問題はいじわるにもわざとすべての状況が外してある。行動は状況によって決まるのだから、状況がなければ行動は決まらない。もしあなたが動詞の答えを書き出していたとしたら、私は問答無用で不合格にする。状況が設定されていないのにどうして行動を決められようか。あなたはそうい

状況設定語 -5W1H

When- いつ→夏のお盆休みに
Who- 誰が→私が
Where- どこで→山の中腹で
Why- なぜ→雨が降ってきたから
What- 何を→下山を
How- どうする→はじめる

う人なのか、ということになるわけだ。

この問題を聞いて、あなたが質問すべきことは状況、すなわちＷｈｅｎ——いつ、Ｗｈｏ——誰が、Ｗｈｅｒｅ——どこで、Ｗｈｙ—なぜ、Ｗｈａｔ——何を、Ｈｏｗ——どうする、という５Ｗ１Ｈである。

私はこれらの状況設定語を用いた発想法を５Ｗ１Ｈ発想法と呼んでいる。山登りの問題に戻って、状況を設定してみればおのずと行動が決まるだろう。ぜひもう一度問題を答え直してみてほしい。参考までに、例を一つ挙げておく。

私はいつか富士山に登りたいと考えている。なぜなら日本の象徴だからだ。夏のお盆休みに、私は富士山に登ることにした。私は早起きが得意で、朝一番に富士山を五合目から登り始めた。だが、昼をし

ばらく過ぎた頃、天気が急に悪くなり始め、ガイドが下山を勧める。山頂はもうすぐなので登り続けたいと伝えたが、それでもプロの言葉に従い、下山することにした。

この例では、状況が私に下りるという判断をさせた。行動は状況によって決まったのである。いきなり下りると答えれば、それが全く何の意味もないことがおわかりのはず。

優れた映画や漫画、小説というのは状況設定の連続だ。それを読んでいくうちに私たち読者はキャラクターが必然的にそういう行動をしなければならないと納得することができる。状況設定が疎かならばいろいろな行動が考えられ、キャラクターの行動に納得することはできまい。「こうすればいいのに」「ああすれば助かるのに」と考えさせる作品は状況設定が足りないのである。

私が面接官をしていたときに出会った、最も感心し感動した答えを例示しよう。面接試験でこんなことを答えられたら、間違いなく採用してしまう。

ドアを開けて面接室に駆け込んできたのはシャツにジーンズ、さらにはトートバッグを肩にかけた女性だった。とても面接に来るような格好とは思えないし、たいていの面接官ならこれだけで不合格にしてしまうかもしれない。だが、もともと不合格の覚悟ができていたのであろう彼女は言い訳をせず、この問いに対して、まず自分の状況を説明したのである。それも自己紹介のように。

いわく、彼女は中学校の教育実習生で、今日の面接日が最後の授業日だったという。本当ならば授業を終えて帰宅し、着替えることができるほど時間には余裕があり、面接に間に合うはずだった。ところが、彼女は授業を終えたとき、生徒たちから手紙をもらった。ここで彼女は重大な選択を迫られた。その場で返事を書くか、面接に向かうか。返事を書いたら着替える時間はない。だが、結局彼女は前者を選んだ。彼女にとってそれは自分の人生を左右するかもしれない面接よりも（あるいは同じくらい）大切なことだったのである。

これを聞いた私は、ほかに何か話をしたり質問したりすることもなく、さらにいえば迷いすらなく、満点をつけた。驚いたとかびっくりしたとかいうレベルではない。驚愕と感心が入り混じる感情だった。が、もっと驚かされたのは、この見事な間接的な自己紹介（後述）をした彼女の口から出た、この問いへの答えだった。

「私は今日教えた生徒たちと一緒に登ります。どこまで登るかが重要ではないのです。この生徒たちと一緒に登ることが重要なんです」

そして彼女は入社試験を突破した。しかし、内定は辞退してしまった。後日理由を確認したところ、彼女は広告の道よりも教員の道を選んだそうである。これまた、すばらしい選択だと思った。彼女ならきっといい先生になれるだろうと、私は彼女の人生の充実を祈りながら、ちょっぴり肩を落としたのだった。

この話には状況設定のことだけでなく（彼女はＷｈｏを設定した）、ほかに二つの教訓がある。一つは人生の選択肢についてである。人生において、ときどき重大な選択肢が同時にいくつか目の前に現れることがある。そのときの状況に応じて正しい選択をすれば、いくら逸れているのではないかと危惧しても最終的に目指すべきところには必ず達するだろうということ（先生になろうとしていた彼女は、確かに先生になることができた）。

もう一つは間接的な自己紹介について。自己紹介の方法には二種類ある。直接自己紹介と間接自己紹介だ。彼女が（おそらくは意図せず）やったのは、間接自己紹介である。私は彼女が子供好きで、教えることが好きなのだということを知っている。あなたもきっとそうだろう。彼女は面接時にけっして「私は子供が好きで、教えることも大好きです」とは言わなかった。しかし、彼女は自分が教育実習生だと言い、私の質問に対して、自分が教えた生徒たちと一緒に山に登ることが大切だと答えた。自分自身について伝えたいことを、それ自体ではなく何かほかの物事や状況を通して説明すること、これが間接自己紹介だ。直接自己紹介というのは単純に「私は子供が好きで、教えることも大好きです」と自分を説明する方法である。直接自己紹介よりも間接自己紹介が優れているのは明白だろう。間接自己紹介のためにも、５Ｗ１Ｈ発想法は非常に有効だ。

ここからは5W1H発想法の実用的な使い方について述べていこう。もしもあなたがある商品を売るための企画を考えるとしたら、という状況を設定して、段階を追って方法を提示していく。

1stステップはWho、Where、Whenを使う。Whoはターゲット、Whereはマーケティング（市場）、Whenは時間・期間・季節である。まずはこれらを決めなければならない。商品をどの層の誰に売るのか、それはどんな人か。女性か男性か、社会人か学生か。いわばペルソナ（事細かに設定した架空の個人）を設定するわけだ。そしてその商品の市場を調査する必要がある。どういうものが売れていて、どれくらいの利益が見込めそうなのか。そしてそれはいつ、どんな季節やシーズンに合わせて発売するのか。それとも期間限定なのか。そして次のステップへ。

2ndステップはWhatとHowだ。Whatは目的で、Howは手法。商品を売る目的、言い換えればコンセプトがなければそれを売る理由も意味もない。そしてどんなものをどのように売るのかということも熟慮しなければならない。それから広告をテレビで打つのか、中吊り・屋外広告にするのか、その順序などを決める。メディアマーケティングもここに入る。小売店で販売するのかインターネットで販売するのかという流通も重要だ。これで企画は出来上がった。多くの人はここで満足してしまい、次のステップを忘れる。3rdステップに行けるか行けないかで、企画力、創造力のあるなしが決まるのである。

4thステップ	3rdステップ	2ndステップ	1st ステップ
How much（予算）	Why（検証）	What（目的） How（手法）	Who（ターゲット） Where（マーケティング） When（時間）

その３ｒｄステップはＷｈｙ。これは検証のことだ。今までに決めた事柄が本当に有効かを確かめる。知識を我が物にする過程でも検証が大事だと述べたが、これはいつどんなときにでも大事なことである。最も面倒なのもこの検証だろう。けれども、直すべきことは　直すべきであり、それを怠ってはならない。

そして企画を考える場合は４ｔｈステップ、二つ目のＨが必要になる。Ｈｏｗ ｍｕｃｈ、すなわち予算だ。検証することで完成した企画には予算がどれだけ必要なのか。ある意味ではこれが最重要といえるかもしれない。後述するように、このステップが必ずしも守られていない現実はあるが……。

これはいうなれば５Ｗ２Ｈ発想法（企画法）である。企画と名がつくものならばなんにだって使える。物語を作るときや営業をするときにも（後者については次章参照）。

残念ながら、最近は予算ありきで企画を考えることが多いように思える。まず予算がこれくらいだと定められていて、そこから状況を予算に合わせて設定していってしまう。例えばＣＭを作るときも初めに予算があり、その予算内でならどんなタレントを使えるか、ロケ地はどこにできるか、ＣＧや編集にはどれくらい予算を回せるか、とこうなる。どれもこれも可能かどうかを考えているのであって、こうする、こうしたい、とは考えていない。これでいいものができると思ったら大間違いだ。情熱のこもった、魂の企画は作れない！むろん低予算でもアイデアがよければ面白いかもしれないが、アイデアの量と質を磨くには予算ありきではいけない。

反対に予算を度外視して状況を設定している例はあるだろうか。これがある。国家予算だ。国家の予算は５Ｗ１Ｈを決めてからそれには予算がこれくらい必要だとする。そうして毎年多額の国債が発行され続けていくのは目をつむりたくなる現実だ。税収という予算の中でやりくりするのも大切なことではあろう。

最後はどっちつかずの考えになってしまったものの、状況を設定することが５Ｗ１Ｈ発想法である。前章のバナナ輸入関連会社のＣＭ作成におけるストーリーボードもまずある程度の状況を設定してからストーリーを作っている。もう一度読み直してみても損はないと思う。ついでに言っておくと、万事が万事五つのＷと二つのＨを設定する必要はない。それもまた状況に応じて決まるのだから。

検証の重要性

本章の締めとして、一つ例題をやってもらいたい。

テーマは野球だ。ピッチャーは現在のあなた自身。理想のあなたでも、自分を過小評価したあなたでもない。そしてバッターボックスにはかのイチローがいる。２アウト満塁、あなたは２ストライク３ボールというフルカウントに持ち込んでいる。これだけが私の提示する状況である。あなたにはさらなる状況を設定してもらい、ストライクを投げるか、それともボールを投げるかを決めてもらいたい。

私は口にチャックをしてあなたの答えが書き出されるのをじっと待つことにする。もし野球のルールが全く何もわからないという場合は、少し調べてから取り組んだほうがいいかもしれない。ただし、これまで私が遭遇した中でも指折りの面白い答えを挙げた人は、野球のことを本当に全然知らない人だった。そして忘れてはならないのは、自分で設定したことはきちんと検証すべきだということだ。

この例題は、授業や講演で５W１H発想法について述べたときに、必ず行うようにしている。単純でいて、非常に奥深い。答えを例示していくよりも、最初から解説してみよう。

まず何をどういうふうに考えていくか。野球を少しでも知っている人ならば、絶対にストライクを投げねばならない状況がすぐに思いつくはずだ。すなわち九回裏で同点という状況である。このときボールを投げれば、その瞬間に押し出しでサヨナラとなり、負け。ストライクを投げるしかない！　この答えはもしかすると陳腐で、ありきたりで、漫画みたいだと思われるかもしれない。限定的な考え方の一つではあるが、これも、とても面白いアイデアである。

さて次に、コンセプトを「勝利」としてみよう。そうすると、状況がおのずと見えてくる。この例題に取り組むのが誰であれ、必ず考えなければならないのは自分とイチローとの実力の差だ。こんなものは言うまでもなく、圧倒的にイチローが上だ。ストライクを投げれば、一〇〇パーセントの確率でホームランを打たれると考えなければならない（あなたがプロ野球選手で相当の実力を持つ本物のピッチャーであるなら話は変わる。実は、プロのピッチャーにこの例題をやってもらえないかと私は密かに期待している）。つまり、ストライクを投げれば四点を失う。だが、ボールを投げれば押し出しで一失点。ストライクかボールかで、三点も差がある。そして同時に、野球というスポーツのルールを考慮に入れる必要がある。野球は九回のイニングを攻守に分かれて交互に戦うスポーツだ。三回までが序盤、四回から六回が中盤、七回から九回までが終盤。これでようやく土台ができた。実力差、失点差、イニング。この三つを忘れて答えを出しても、何も面白くない。あなたはどうだろう。これらをきちんと踏まえていただろうか。途方もない夢物語を語ってはいないだろうか。まず現実を語ろう。それが近道だ。

序盤だったらもちろん勝負するに決まっている。残りのイニングでまだ逆転するチャンスがあるかもしれない。終盤だったら点差による。五点リードしていたらストライクだ。三点差以下ならばボールである。なぜなら、ストライクを投げたら同点ホームランか、あるいはサヨナラ満塁逆転ホームランを打たれるのだから！　これらのことは野球をやっている小学生ならば間違いなくわかっている。当たり前すぎて、むしろ私が解説したら鼻で笑われる可能性すらある。序盤と終盤の状況設定は「コインは丸である」という発想で、まだ視点はずらせていない（だが、「も」の視点が大事だと第５章で述べたように、土台や基礎がないと発展も応用もない）。

視点をずらすには、Ｗｈｅｎを変えてみるというのがある。一試合の中でだけ考えるのではなく、この試合がオープン戦だとしてみたらどうだろう。勝負しないピッチャーは解雇される。ペナントレースの開幕戦や四月、五月の時期であっても勝負するだろう。消化試合でもそうだ。けれども、終盤の優勝争いの最中にストライクを投げて勝負するようなチームは、監督の采配ミスやキャッチャーのリードミスだとファンに野次られること必定である（押し出しさえ許されない状況なら別だが）。

先に挙げた、野球を知らない人の答えはどんなものだったか。その人はこう答えた。「これは少年野球で、イチローが有志で参加してくれている。私は子供たちにイチローのホームランを見せてあげなくてはいけない。だから、ストライクを投げて、イチロー選手にホームランを打ってもらわなければならないのです」。あなたの心にもビビッときたのではないだろうか。これは目的を勝つことではなく、イチローにホームランを打ってもらうことというように設定している。これを発想と言わずして何と言おう。私自身少しうれしかったのは、この答えを挙げた人も前述の面接試験で優れた答えを述べた人同様女性だったということだ。女性の世界観にはすでに芸術的な生活が組み込まれているのだと考えるべきだろう。

全く自由な状態から発想していくのも大切だが、いくつかの条件から発想していくのも大切である。私は長らく少年サッカーの監督を務めている。サッカーはむろん体を動かし、発育や健康にとってよいものだ。しかし、それ以上に、私はスポーツを通してこの状況設定、５Ｗ１Ｈというものを学ばせたくて、監督をやっている。試合の中で、状況は万華鏡のように千変万化する。それに対応する行動を取らなければならないのだから、子供たちは自然と状況を把握することを学び、今どう動くべきかと考えるようになる（もちろん最初は私がそのことを教える。それが監督の、試合に勝たせることよりも大事な仕事である）。小学生でも十分に状況を設定して行動を決定することができる。私に言わせれば、スポーツは考える力を養うのに最も適した勉強法だ。しかし、「考えてやれ、どうしてできないんだ」とだけ教える監督はよろしくない。私が本章で述べたように、何をどのように考えるか、そして、どのようにしたらできるようになるのかを考えるのが重要なのであって、それが抜けてしまえばスポーツがただの運動になり、かつ監督やコーチのためのスポーツになってしまう。どんなスポーツでも、一流選手には発想力があると評価されることがある。サッカーではとりわけそうではないか。その発想力というのは、あなたもおそらく体感したとおり、鍛えることができる。

５Ｗ１Ｈ発想法が質の発想法であるというのは納得してもらえただろうか。問題に対処するためにはその問題を知らなければならないのと同じことで、状況に対応するには状況を知らなければならない。そしてそのうえで行動はおのずと決定される。状況がわからなければ行動が決定できず困ったことになるが、『鏡の国のアリス』のキャラクターならばこんなことを言うかもしれない（以下は私の創作だが、こういったパラドックス文はいくらでも存在する）。彼のように本末転倒にならないように、あなたもしっかりと状況を把握ないし設定するようにすべきである。

「私はとある状況に対応しなければならないんだが、困ったことがあってね」
「あら、どんなことにお困りですの？」と、アリスが尋ねました。
「そんな状況がないってことにさ！」

コラム

レミーがネズミでなければならない理由～プレゼンテーション～

私の経験から言うと、検証して直すべきところがあることに気づいているのに直さない人が多い。直しの作業は面倒で、まあいいやと思ってしまうようである。しかし、自分が気づいて他人が気づかないことはありえない！　と考えておいたほうがいい。

コンピューターが普及し、パーソナルコンピューターとまで呼ばれるようになって久しい昨今、この直しという作業はとてつもなく楽になった。私が若い頃はすべてが紙上で行われていたので、直し一つやるにしても丸々書き直さなくてはいけないことが多々あった。できるだけ直したくないという強い思いから、初めから念入りに丁寧に作っていったものだ。しかし、パソコンがあると、直しも簡単だ。それなのに面倒だというのは、紙とペンで仕事をしてきた私にとっては言語道断である。

Why、すなわち検証の重要性を、『レミーのおいしいレストラン』という映画を例に述べていこう。これはレミーというネズミがあるコックのお手伝いをするという作品で、検証する価値がある。こういう問いかけをしてみよう——レミーはなぜネズミでなければならなかったのか。

ストーリーは単純で、レストランで不要な人間が必要な人間になる、という成り上がりの話だ。つまり、主人公がネズミなので、レストランで不要な動物が必要な動物になるという話だといえる。「どうしてネズミなのか」と尋ねられて、「どっちでもいい」「何でもよかった」と企画の段階で答えたら、きっとこの作品は世に出てこなかっただろう。私がプロデューサーだったとしても却下している。だが、現実にはネズミで通った。ネズミである必然性があったということだ。

右記の問いに答えることこそ検証である。そのために、まずレストランで不要な嫌われている動物を挙げてみることにしよう。ぱっと思い浮かんだのはネズミ、ゴキブリ、ハエといったところか。いずれもレストランには絶対にふさわしくない。このふさわしくない動物が主役になるから面白いわけだ。

次に考えるのは、選ばれるべき動物の絶対条件、すなわち味覚が優れているかどうかだ。味覚が優れていなければ、『おいしいレストラン』というタイトルは無意味になってしまう。この点において、この三種類の動物は舌が肥えている。どこのレストランにでも侵入でき、残飯を味見することができるからだ。つまり、おいしいレストランの味を知っている。

ここまで、ネズミとゴキブリとハエには差がない。では、この作品のターゲットはどういった層だろうか。子供から大人、さらにいえば家族だ。しかし、どの動物も一般に不潔で気持ち悪いというイメージがある。ここで考えてみてほしいのは、世界中で最も人気があるキャラクターは何

	ネズミ	ゴキブリ	ハエ
嫌われ者か	○	○	○
味覚が優れているか	○	○	○
キャラクターとしてどうか	○	×	×
コックの頭に乗って平気か	○	×	×

結果●4対2対2でネズミが選ばれる

かということだ。最も愛されているキャラクターは、ミッキーである。いやその先の「マウス」、そうミッキーマウスである。ミッキーマウスはネズミだ。『トムとジェリー』のジェリーもかわいらしいネズミだし、かのピカチュウも絶大な人気を誇るネズミ。どうやらネズミが一歩抜け出したようだ。

だが、一歩だけでは足りない。もう一歩ほしい。そこで次に考えるべきことは、コックの象徴ともいうべきコック帽だ。レミーはこのコック帽に隠れなければならない。コックの頭に乗るわけだ。ゴキブリが頭に乗るのは嫌だろう。ハエも同じく。ネズミも嫌かもしれないが、ディズニーランドで子供たちが頭につけているのはミッキーマウスの耳ではないか。意外にネズミは平気なのである(ミッキーさまさま!)。こうして、ネズミが二歩先を行った。これで決まりだろう。レミーはネズミでなければならないのである。

第9章
Yes、but 発想法

大きなことを成しとげるために力を与えてほしいと、神に求めたのに、
謙虚を学ぶようにと、弱さを授かった。
より偉大なことができるように健康を求めたのに、
より良きことができるようにと病弱を与えられた。
幸せになろうとして、富を求めたのに、
賢明であるようにと貧困を授かった。
世の人々の賞賛を得ようとして成功を求めたのに、
得意にならないようにと失敗を授かった。
人生を享楽しようとあらゆるものを求めたのに、
あらゆることを喜べるようにと、生命を授かった。
求めたものは一つとして与えられなかったが、
願いはすべて聞き届けられた。
神の意にそわぬものであるにもかかわらず、
心の中の言い表わせないものは、すべて叶えられた。
私はあらゆる人の中で、もっとも豊かに祝福されたのだ。

—— ニューヨーク大学リハビリテーション研究所の壁に彫られた詩 ——

【引用文献】
『愛することは許されること —— 聖書からの贈りもの』渡辺和子著（PHP研究所、1993年）

量の発想法たるチャネル変換型発想と質の発想法たる5W1H発想法は本書の中でも、そして私の人生の中でも基礎的なものだが、それゆえにこれらをきちんと理解し会得しなければならない。基本ができていなくて応用ができるはずもない。私の大好きなサッカーを例にするならば、これまでの章は走り込みやウエイトトレーニングといった体作りである。ドリブルやシュートの練習をするにしても、しっかりとした体ができていなければあまり意味はない。

これから述べていく三つの章はドリブルやパスやシュートに当たる、どちらかといえば発展形である。したがって、既出の事柄を土台にして話を進めていく。そのことを十分念頭に置いて読み進めていってもらいたい。

発展形ということで、本章の発想法は企画のためというよりはプレゼンテーションのための発想法である。プレゼンテーション能力というのは伸ばすことができる。しかし、私は何も『プレゼンがうまくなる方法』みたいなハウツー本に書かれる、ありきたりなことを述べるつもりは毛頭ない。同時にこれまでと変わらず、非常に簡単なことを述べていく。本章を読み終わると「なんだそんなことか」と思われるかもしれないが、これが意外とできない人が多い。

前置きはこれくらいにして、進めていこう。

相手を知る

さっそく問題。

あなたはX自動車会社に就職し、営業部に配属されたとする。あなたに任された仕事はY自動車会社のY自動車（略すとY社とY車でややこしいのでY会社とY車とする。X自動車会社とX自動車についても同様）に乗っているKさんの自宅に出向いてX会社のX車を売ること。さて、あなたはKさんにどのようにしてX車を売る？

ただし、資料は全く使えないとする。あなたの武器は言葉（と実際には表情や身振り手振り）だけである。これも紙に書き出してもらい、あとで答え合わせをするとしよう。

可能ならば私をKさんと仮定して実際に営業してもらいたいところだが、それは叶わないので例を出して答えてみる。

Kさんは三〇代の男性で、子供が二人いる。そして奥さんが妊娠中、現在乗っているY車はセダンである。Kさん宅に緊張しながら出向いた私はチャイルドシートとその確かな安全性をセールスポイ

Kさん
さて…
Kさんは30代男性、子供が2人
奥さんが妊娠中で、車はセダンのY車
Y車
どうやってKさんにX車を売り込もう？

ントとして懸命にX車のよさを説明した。多少ぎこちない言葉を使ったかもしれないが、それでも全力だった。けれども、結局Kさんを納得させることはできず、私の営業は失敗に終わった。

いったい何が駄目だったのだろうか。第８章を思い出してほしい。私は全然Kさんのことを知らない！

季節や時間もわからない。深夜に出向いたとしたら断られるに決まっている。何よりも、Kさんのことを知らねばX車を売ることはできない。私はもっと仔細までKさんを設定する必要があったのである。

それを踏まえてもう一度やってみよう。まさに５Ｗ１ＨのＷｈｏの分析である。

Ｋさんは三〇代後半の男性で、小学生の子供が二人いる四人家族である。数年前にローンを組んで一戸建てを購入し、その家には一台分の駐車場がある。

Kさんに
8人乗りのX車を
すすめる。

Y車（セダン）は子供がある程度大きくなってから購入し、すでにローンの返済は終了している。もっと調べてみると、Kさんの奥さんが妊娠六カ月であることがわかった。今は九月で、出産時は冬になる。

それらを知ったうえで私はKさん宅を訪れ、標準的なサイズの八人乗りワゴンであるX車をお勧めすることにした。なぜなら、将来子供が三人になるということで、旅行なりキャンプなりに出かける際に大型の車は便利だからだ。出産時にも労なく奥さんを乗せることができる。まさにWhenだ。

また運転席の後ろに着脱可能なチャイルドシートが設置してあり、運転席の後ろが最も安全な席であることも説明した。もちろんチャイルドシートは車の値段に含まれている。具体的な価格を設定することも必要だが、仮にY車購入時の価格よりはやや高いとしておこう。さまざまなオプションもつけられるし、Ｙ車を下取りすれば価格はより安くなる。おまけにハイブリッド車で環境に優しい。私は時間をかけてそれらをとうとうと説明したのだが、あと一歩のところで断られてしまった。

あなたはここまで綿密に設定すれば必ずや売ることができると考えただろうか。冒頭で述べたように、意外とそう考えてしまう人が多いのである。完璧に思われたのになぜ失敗したのだろうか。次節ではそれを解説する。

Yes、but発想法

前者の場合、後者の場合とも５Ｗ１Ｈはなかなかきちんと設定されている。後者のほうがより細かいが、とりあえず両者とも状況は設定できているということにしよう。失敗した原因は同じなのだから。これらのプレゼンでは５Ｗ１Ｈは設定されていたものの、ＨはＨｏｗ ｍｕｃｈのみが提示され、Ｈｏｗが欠けていたのである。資料のない難しさとは話すことの難しさでもある。いったい話すことの何が難しいのか。

二例に共通しているのはＸ車のほうがＹ車より優れているという設定だ。あなたもきっとそうしただろう。しかし、単にＸ車がＹ車より優れているとしても、基準が明確ではない。基準とは平均であり、一般的なレベルともいえる。どちらも基準以下かもしれないし、以上かもしれない。X車が基準以下であれば、誰がX車を買ってくれるだろうか。

おまけにX車の視点だけで話すので、Y車を否定してX車のほうがいい、と言うことしかできない。ここで「キーワードが出てきたな」と敏感に察することのできたあなたは本当によく本書を読んでいただけている。

そう、ここで、視点をずらさなければならない。違う視点から分析し、説明するわけだ。Y車を否定しX車を肯定するというのは「No、but」だ。どのように視点をずらすかといえば、選択肢は一つしかない。自分の会社のX車ではなく、Kさんが乗っているY車の視点で語るのである。

初めに、Y車がとてもすばらしい車であると、現在の車市場においてY車が標準レベルをはるかに超えるポジションであることをアピールする。そう言われてKさんは気分を害するだろうか。相当な天邪鬼でない限りは喜んでくれるはずだ。そのうえで、そんなY車に乗っているKさんだからこそX車のよさがおわかりになるでしょう、と訴える。Y車が基準を超えていると仮定しておき、それと比較することでX車のよさをアピールしようとしたわけだ。これでX車もY車も、どちらも基準を超えていることが明らかになった。

要するに、Y車を肯定し、でももっといいX車がありますよと説明する。これがYes、but発想法

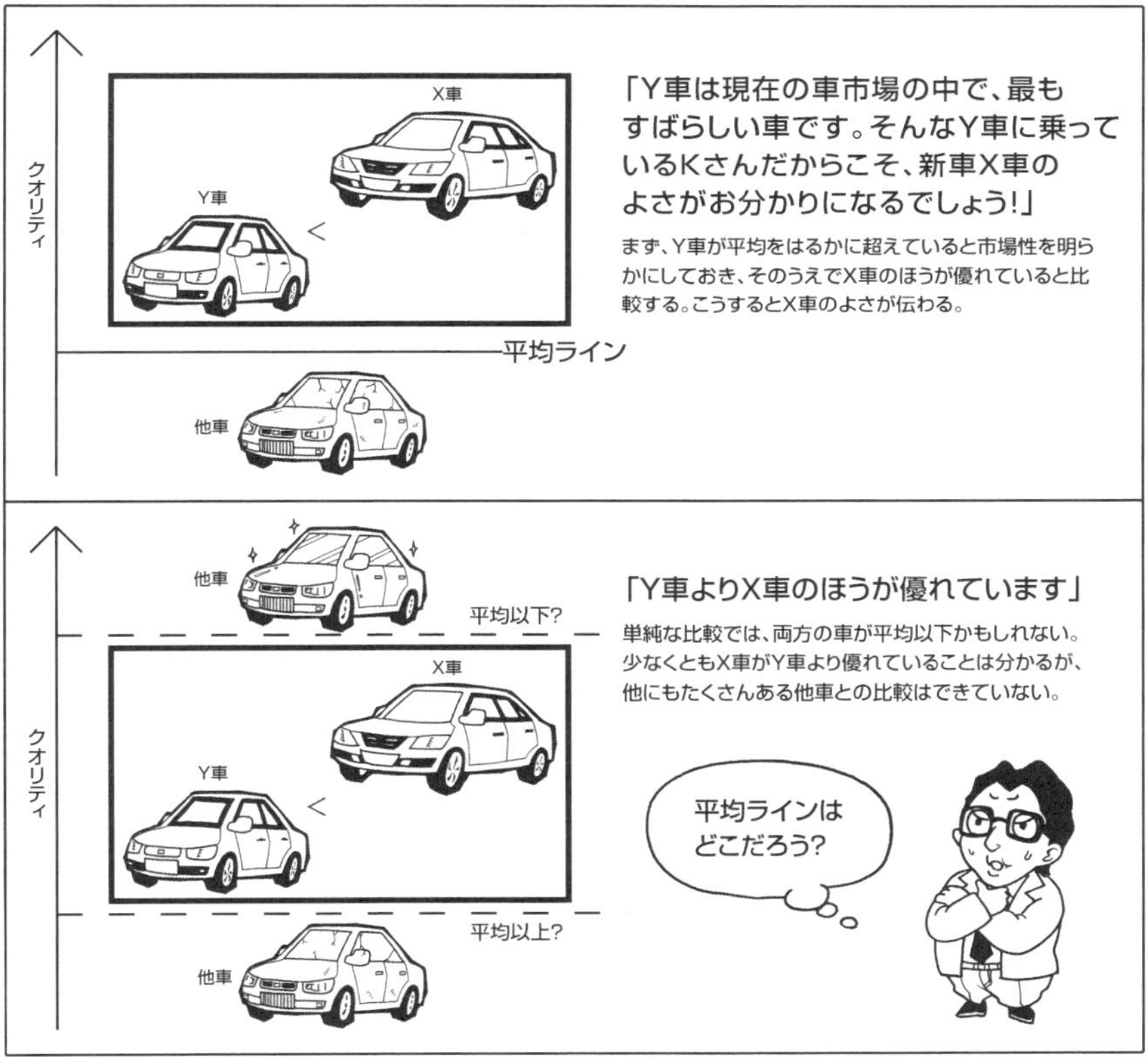
クオリティ
X車
Y車
＜
平均ライン
他車
「Y車は現在の車市場の中で、最もすばらしい車です。そんなY車に乗っているKさんだからこそ、新車X車のよさがお分かりになるでしょう!」
まず、Y車が平均をはるかに超えていると市場性を明らかにしておき、そのうえでX車のほうが優れていると比較する。こうするとX車のよさが伝わる。
クオリティ
他車
平均以下?
X車
Y車
＜
平均以上?
他車
「Y車よりX車のほうが優れています」
単純な比較では、両方の車が平均以下かもしれない。少なくともX車がY車より優れていることは分かるが、他にもたくさんある他車との比較はできていない。
平均ラインはどこだろう?

である。

より一般化するために、抽象的なXとYを用いて述べていくことにする。Yを肯定することで基準を明らかにすると言ったが、これはマーケット（市場）を語っていることになる。Yが市場においてどのようなポジションにあるのかを調べるのはマーケティングの基本だろう。Yesで受けて市場を語り、butと続けてXがそれ以上のレベルであることを提示する。比較対象を作ることは、何かを説明したり売ったりするときにはとても重要なことである。比較についてさらに一般化したのが第16章なので、併せて読むと理解が進むだろう。

近年私が仕事の場としている中国では、ともかく「No、No、No」で他社の製品や他人を否定し、自社の製品や自分をアピールする。どうやらこういう方法が広く認められているようだ。これも一つのプレゼンテーション戦略ではある。ただし、非常に自己主張が強くなりがちだ。アメリカなどでは広告戦略の手法として使用される比較広告も、この考え方から行われている。

私にとって強く印象に残っているのは、アメリカで放送されていたペプシコーラのテレビCMで、男の子が自動販売機の高い位置にあるボタンを押すためにコカ・コーラを二本買い、それを足場にしてペプシコーラを買うというもの。ペプシコーラにはコカ・コーラ二本分以上の価値があるというわけだ。アイデア自体は面白いと思うものの、いかがなものだろうか。このようにライバル社の商品をあからさまに否定するような表現が日本人になじむだろうか。かく言う私は他人を否定するのは好きではない。いや、はっきりと嫌いだと言っておく。

だからといって「Ｙｅｓ、Ｙｅｓ、Ｙｅｓ」では駄目だ。「そうですよね、そう思います」と続けてしまえば、自分をアピールすることなどとてもできない。つまり、「Ｙｅｓ、Ｙｅｓ、Ｙｅｓ」は、「Ｎｏ、Ｎｏ、Ｎｏ」の自己主張型よりもあいまいでわかりにくい。

そこで「そうですよね、でも」とするのが日本でもなじむやり方ではないか。相手を否定せず、なおかつ自分をアピールすることができるのだから。

自分の企画をプレゼンするときにしても、私は他社の企画を肯定し、そのうえで自分の企画のよさをアピールする。他社の企画を否定する人や、あるいは否定まではせずとも比較対象にすらしない人もいるので、このプレゼン方法はかなりの勝率を収めている。いきなりこれをやるのは難しいかもしれないが、視点をずらすことを第５章ですでに学んでいるあなたなら、あっという間に習得できるだろう。

状況が決まれば

もちろん５Ｗ１Ｈを忘れてはいけない。状況が決まれば行動が決まる、つまり状況がわかってさえいればプレゼンは可能だということだ。というわけで、どんな突飛な状況でも応用できるということを示すために、再び営業の問題の解答例を一つ挙げてみよう。

Tさんは一九歳の男性で、毎晩車を乗り回して遊びに出かけている。流行や新しいものが大好きで、他人と同じものを持つのをとても嫌う。いつでも自分は特別だと感じているし、オリジナリティを発揮するのにお金に糸目はつけない。乗っている車は父親のY車である。そう、Tさんはお金持ちの御曹司だ。時代は近未来、時期は成人式の半年前とする。さてさて、あなたならこの状況をどう活用し、Tさんにどんな車を売り込むだろうか。

私はまず現在の車の市場において、Y車が最新で最高の車であると称賛する。Y車の質の高さは本物で、乗っているTさんの感性も非常に肥えている。これ以上の車を提供するのは無理そうだ。だが、ここだけの話なんですが、と私はささやく。実は三カ月後に発表される、もっと新しいX車という車があるんです。現時点で最高レベルのY車に乗っているTさんなら、新車のX車を必ずお気に召すでしょう、と。これでプレゼンテーションは十分である。

最後に、この発想法を有効に使うために注意しなければならない点がある。チャイルドシートでもGPSでも何でもいいが、自分の案、発想、アイデア、メリットを持っていなければ、他人を受け入れてそれよりいいものを提示することはできない。何を置いても自分自身の発想、アイデアが必要不可欠だ。また、Yes、but発想法はコミュニケーションにも応用できるだろう。相手を否定してはコミュニケーションなど成立しない。プレゼンテーションや営業というのは、結局のところ自分と相手とのコミュニケーションなのである。つまり「Yes市場、butアイデア」が必要不可欠ということになる。

コラム

Yes、butは人とのかすがい

Yes、but発想法はプレゼン・テクニックの一つだが、日常生活のコミュニケーション手段としても有効であると本章で述べた。その有効性を証明してみたい。

例えば、誰かと喋っているとき、相手のネガティブで貶《けな》すような発言に一瞬で頭に血が上り、大声で否定してしまうことがあるかもしれない。そうすると相手は嫌な気分になるし、もちろん自分も嫌な気分になり、すぐにかっとなったのを後悔することになるだろう。それを避け、良好なコミュニケーションを図るにはどうすればいいのか。

具体的な状況として親と子供、それもある程度年頃になった大学生の娘と母親との関係について考えてみよう。たいていどの家庭でも母と娘のコミュニケーションは、一時期複雑な状態になる。原因としては、母の時代と娘の時代が直接ぶつかり、娘が母の意見を受け入れず、NOで反論することにある。つまり「お母さんの考え方は古いのよ。今は時代が違うの」というように。こうなれば、母娘のコミュニケーションギャップは拡大していく。こんなとき、このYes、butを使ってみよう。「お母さんの考え方もよくわかる(Yes)。でもね(but)、今の時代はこんな考え方もあるんじゃないの」という具合に。これにより、確実に母と娘のコミュニケーションは、良好になる。つまりYes、butで母と娘のコミュニケーションは円滑化するわけだ。

Yes、but発想法的コミュニケーション、すなわちYes、butコミュニケーション。それは人間の会話の根本と関わっており、史実や有名な物語にもその片鱗が見られる。

例えば忠臣蔵。この作品にはYes、butコミュニケーションがある。それは新しい畳を用意するシーンである。吉良上野介《きらこうずけのすけ》に賄賂を贈らなかったがために重要な連絡を回されなかった浅野内匠頭《あさのたくみのかみ》は、三日間で二八〇畳の畳替えをしなければならなくなる。江戸中を走り回ってこの仕事をやってくれそうな職人を探す赤穂藩士だが、ここまで急な発注は機械や技術の発達した現代でも難しい。しかも、職人たちは普段威張っている侍なんか困ってしまえばいいと思っているので、「新しい畳を二八〇畳、三日後に用意してくれ」といういかにも上から目線の頼み方では首を縦に振らない。にっちもさっちもいかなくなり、ある藩士ががっくりとうなだれてこう言う。

「畳のことはもういい。だが、話だけでも……聞いてはくれまいか」

この台詞だ。職人に対して、おまえたちの言い分はわかった、という態度を取る。Yesで受け入れ、そのうえで自分の話を聞いてもらおうとしたのである。次のシーンでは、こうこうと照る松明の中、職人たちが畳の端を縫い、男たちが台車に乗せた畳を運んでいるはずだ。

五・一五事件において、犬養毅は乱入してきた三上卓らを応接室に案内した。というのも、彼らにこれからの日本や世界の情勢を語ろうとしていたのである。しかし、その天晴れな対応もむなしく、別ルートで侵入した青年将校・黒岩勇らが問答無用と犬養の腹部を銃撃し、続けて三上が頭部を撃った。黒岩は三上らが犬養に丸め込まれるのを恐れたのだろう。撃たれてなお犬養にはしばらく意識があり、駆けつけてきた女中に「今の若い者をもう一度呼んでこい、よく話してきかせるから」と語ったという。犬養は青年将校らの言い分を聞くためにも席に着かせたのであり、それから自分の考えを語ろうとしたに違いない。

最初に撃った黒岩にもしYes、butの心があったならば、歴史は大きく変わっていただろう。犬養は、これからの日本は中国から手を引くべきだと考えていたからである。このタイミングで犬養は死ぬべきではなかった。

Yes、butコミュニケーション。相手のどんな意見をもYesで受け入れ、より大きな市場を語り、それから自分の意見を言う。これこそ今、最も有効なやり方である。

第10章
ポジティブシンキング

人の言葉は善意に取れ。そのほうが五倍も賢い。

——— ウィリアム・シェイクスピア ———

ネガティブな事実も注意深く検討すれば、
非常にポジティブな結果が生じうる。

——— ピーター・W・アトキンス ———

「ぼくが〈不運なオジョ〉だから、ぼくに手を貸してくれようとする人は
みんな災難にあうんだよ、たぶん」
「あなたは手を貸してくれるひとがいるんだから幸運なのよ」

——— オジョとドロシー ———

【引用文献】
※ シェイクスピアの言葉は出典不詳
『万物を駆動する四つの法則　科学の基本、熱力学を究める』ピーター・W・アトキンス著、斉藤隆央訳（早川書房、2009年）
『オズのつぎはぎ娘』ライマン・フランク・ボーム著、佐藤高子訳（早川書房、1977年）

本章ではものの考え方と見方（視点）とを包括し、より総合的な発想法を述べていく。アイデアを生み出すだけでなく、既存の物事を考えるときにも使うことができる。むしろ後者のほうがふさわしいだろう。すでに存在する物事を見つめるとき、少し視点をずらしてみれば、新しいものが生まれる。新しさとは無から何かを作り出すことでしか生まれないというわけではない。ただ、画一的な視点で見てばかりでは新しさは生まれない。

本章ではほかのどの章に比べても私の考えや意見が強く表に出てくるだろう。しかし、それは絶対的なものではなく、一つの例として捉えてもらいたい。

ポジティブシンキング

いきなり章題と節題が同じという不可解な構成になっているが、本章では最初に一般化を行って、それから具体例へと展開していく。

例のごとく、まず問題を出そう。

次に挙げる二つの題材のうち一つを選び、きちんと状況を設定して（自分は何者か――記者か、コメンテーターか、アナウンサーか。時代はいつか――当時か、現在か、別の時代か。メディアは何か――テレビ

か、新聞か、雑誌か)、語ってもらいたい。実際に誰かに話してもいいし、頭の中で考えるだけでもいい。

①広島と長崎への原子爆弾投下について。

②JR東日本・上越新幹線の中越沖地震による脱線について。

あなたの考えがまとまったところで、一般化した議論をしていこう。私たちがこれらの出来事を知るのは、当事者や関係者でない限りはマスメディアによってである。マスメディアというのは前著『ターゲットメディア・トルネード　Web広告、雑誌広告、交通広告(OOH)が効果的なワケ』(宣伝会議)に従い、テレビと新聞としておく。つまり、報道者(アナウンサーや記事のみならず、広くテレビや新聞そのものも指す)の目を通して伝えられることになる。その影響力たるやすさまじいもので、いくら私がターゲットメディアを啓蒙しても、いまだ衰えることがない。視聴者や読者はいつの間にやら感化され、やがてマスメディアの視点に同化する。すると、それが世論となる。報道がそのまま世論になってしまうわけだ。

なぜそうなるのかというと、第一には報道者が余計な意見をニュースに含ませすぎていることがある。どこかで殺人事件が起き、報道されたとしよう。その事件が痛ましいかどうかは私たちが感じることであり、報道者に方向付けられることではない。特にアナウンサー(コメンテーターはかまわない)

がいかにも悲痛な表情をして「痛ましい事件が起きました」などと形容詞をつけるのはどうなのだろうか。それはアナウンサーという一つの職業者の感想であって、本当にその感想を公共のメディアを通して一般化していいものかどうか。この考え方が、ＮＨＫと民放局との大きな違いではないのだろうか。

第二には視聴者や読者に問題があり、簡単に報道者に影響されすぎ、無意識に同化してしまっていることだ。ある視点に同化すると、視点を変える訓練をしていない人は違う視点で見ることができなくなる。違う視点で見るという考えにすら至らない。だから、マスメディアの報道と同じ視点でしか見ることができず、画一的になる。マスメディアが世論を操作しているという主張を耳にすることがあるが、本来十人十色であるべき視聴者や読者が勝手に十人一色になってしまっているのである。あなたは題材として挙げた二つの出来事をマスメディアによって報道されたこと抜きで語ることができていただろうか。

視点を変える、ずらすということは自分の考えや意見を持つということにほかならないが、勘違いしてはいけないのは、批判は考えでも意見でもないということだ。批判するのはあまりに簡単である。これはダメ、あれは違う、それはおかしい、と批判してみて、いったいどこに独自性があるというのか。自分の意見などというものはどこにも見当たらない。マスメディアは批判することがお仕事なのだから、それに同化するということがどれほど荒唐無稽かは推して知るべし。批判ばかりに浸っていると、とにかくなんでも批判するという、ネガティブマインドになってしまう。そうなるとどんな物事を考えるときも一に批判、二に批判、三も四も五も批判、ネガティブシンキングの塊となる。批判するならばせめてどうすれば改善できるのかを述べるべきだろう。そうすれば、そこには自分の意見というものが存在することになる。

何か新しいものを生み出してみようとすれば、それはポジティブサイドに昇ることになる。ただし、物事をなんでもかんでも肯定するのではなく、ネガティブな面を認めつつもポジティブな視点でも見てみるというスタンスが大事だ。これをポジティブシンキングと呼ぶ。

例えば病気になったとして、その辛さや不便さについて愚痴をこぼすこともできるが、同じ病気の人の辛さがわかるようになるし、自分が治ったときには病人への思いやりの心を持つことができるようにもなる。前者はネガティブだが、視点を変えれば後者のようにポジティブにもなれる。

とりわけ過去の出来事を考えるとき、「あのときこうしていれば」と仮定にふける人がいる。それは批判と同じで何も生み出さない。その人は実際にはそうしなかったのだから、なぜ今さら無意味な後悔をするのだろう。結局過去には戻れないのだから、「あのとき」を未来につなげればいいではないか。それこそポジティブシンキングの真骨頂だ。ネガティブシンキングは負のスパイラルを生み出す。たとえそこに陥ったとしても、脱却してポジティブに考えていくほうが有意義だし意味がある。過去の失敗から教訓を導き出すことがポジティブシンキングである。

その実例として、次節から先述の二つの出来事を私の視点で述べてみよう。

最良の弔い

日本人が忘れてはならない五つの日がある。一二月八日、六月二三日、八月六日、八月九日、そして八月一五日である。後ろの三つにはあなたにも思い当たる節がきっとあるだろう。しかし、一二月八日と六月二三日については多くの日本人がこの日に何が起きたのかを知らない。だが、たとえ知っていたとしてもそんなことは何の自慢にもならない。なぜなら、常識として知っておくべきだからだ。前者については、真珠湾、あるいはパールハーバーといえば察しがつくと思われる。ここでは特に後者について述べていく。

一九四五年六月二三日、沖縄での地上戦が終わった。終戦したのではない。沖縄がアメリカ軍に陥落したのである。私は毎年大学での授業や企業での講演で、この日かその前後に沖縄戦の話をする。当時の日本政府による史上最悪の判断ミスについてである。沖縄県民の三人に一人が亡くなるという悲惨な地上戦に敗北し、日本の敗戦は決定的となった。それでも戦争は終わらなかった。ただただ、体裁のためにである。あるいは本気で巻き返しが可能だと考えていたのかもしれない。どうであれ、この決定的な出来事を真摯に受け止めて戦争を終わらせていれば広島にも長崎にも原子爆弾が投下されることはなかった。昭和三部作を上演し続けている劇団四季の浅利慶太氏は『語り継ぐ日本の歴史』という小冊子において、日中戦争および太平洋戦争での引き際に関してこう書いている。

≪例をあげればきりがないが、しかるべき時期に何故蔣介石政権と和平しなかったのか。「中国戦線の泥沼」に嵌らぬチャンスは何回かあったはずだ。国力の差から見ても「日米開戦」は避けなければならなかった。戦いは当然のことながら勝つか負けるかだ。「敗戦」の可能性は検討されなかったのか。古い話をするようだが、武田信玄や織田信長だったら、開戦の選択をしただろうか。それほどの偉材を持ち出さなくても、明治の指導者だったらどうだったろう。≫

「沖縄県民斯ク戦ヘリ。県民ニ対シ後世特別ノ御高配ヲ賜ランコトヲ」という大田実中将の電報は日本人ならば覚えておかなければならない。基地問題で揺れる沖縄。私たち日本人は、戦争で多大な犠牲を払った沖縄県と沖縄県民に対して、大田実中将の電文のごとく、生涯、特別な考え方を持つべきである。それほどの犠牲が、沖縄の歴史にはあったのだから。

ときには自分に不利になる判断も、未来を考えればそうとも限らない場合はいくらでもある。よりよい状態を目指すには、一時のリスクを支払わねばならないときもある。たいていの人がそのリスクに尻込みしてしまうことが多い。その大きな判断の遅れにより、我が国は世界で唯一の被爆国となってしまった。繰り返すが、沖縄戦をもって終戦していれば、八月六日、八月九日の原子爆弾投下はなかったのである。そのような国の国民である私たちが世界に向けてできることとはなんだろうか。戦争を起こした国として、自国民のみならず多大な犠牲者を出した国として、原子爆弾を使用された国として、戦争の被害者（犠牲者や遺族を含めて）に対して何ができるだろう。それは記念碑に向かって祈ることだけではなく、日本を絶対に戦争をしない国にしていくことだ。そして一九四五年から現在（この言葉が何年後、何十年後、何百年後、はたまた永遠に近いほどの未来においても通用するように努力しなければならない）まで日本は戦争をしてこなかった。あらゆる戦争の被害者に対してできる最大の弔いはこういうことではないか。戦争をしない平和な国だからこそ平和をメッセージングする資格がある。広島と長崎に与えられた使命は原子爆弾による甚大な被害、そして使用の禁止を訴えていくことだ。その他の都市に住む、すべての日本人がこれをサポートしなければならない。後世に伝えていかなければならない。確かに当時には当時の状況があった。第8章で述べたように、行動は状況が決めた。この場合の行動とは戦争だ。それでも、してしまったことには責任が伴うのである。

さらに、原子爆弾が危険なものだとしても、原子の持つエネルギーの有用性を完全に否定するわけにはいかない。来世紀に生きるであろう私たちの子孫が環境の激変によって何百万人、何千万人と命を落とすかもしれない。産まれることすらできないかもしれない。それを防ぐ可能性のある手段の一つとして原子力発電というものがあるとしても、私たちはその研究さえやめなければならないというのか。そうではない。原子爆弾の製造を目的としたマンハッタン計画がアメリカで開始されたとき、多くの科学者が招集された。エンリコ・フェルミ、ニールス・ボーア、ジョン・フォン・ノイマン、リチャード・ファインマンなど、各々が二〇世紀において最重要人物だといえるような天才たちが寄ってたかって日本を潰すために研究をしたのだろうか。それは違う。彼らは彼らなりに平和のために研究をしていた。原子爆弾が平和を導くと信じていたのである。のちに大半の科学者が核兵器の製造や使用を否定したことからわかるように(エドワード・テラーのように生涯水素爆弾を肯定し続けた科学者もいるが)。彼らも文脈こそ違えど本質的には原子力の平和利用を考えていた。原子爆弾や水素爆弾といった核兵器を否定するのと同じ視点で原子力発電をも否定するのは、自動車が毎日多くの人を殺すから自動車を禁止しろというのと違いがない。原子爆弾がいかに危険であっても原子の研究をやめるべきではないというのはファインマンの言葉である。

あなたは原子爆弾投下についてどんなことを語っただろうか。最後に、またも浅利氏の文章を引用しておこう。

≪あの悲劇を語り継ぐ責任が我々にはあると思う。戦争で死んでいった圧倒的な数の兵たち、戦後無辜の罪に問われ死を迎えざるを得なかった軍人たち、一発の原子爆弾、一夜の無差別空襲で命を奪われた数えきれぬ市民たちは、みな我々の兄姉、父母の世代である。今日我々を包みこむ「平和」は、あの人たちの悲しみの果てに齎された。

哀悼と挽歌は、我々の手で奏でなければならない。≫

見えない安全

ＪＲ東日本の上越新幹線が脱線した事故に関して言及する前に、今日の報道のあり方に疑問を呈しておく。特に成人式の報道に関して、私はとある放送局の方と話をさせていただいたことがあるのだが、その内容というのは、なぜああも成人の日を成人になった人々が暴れる日にしたがるのかということだ。あなたも式の最中に暴走する人をテレビを通して見たことがあると思う。ところが、まともに式に出席している人がはるかに多いにもかかわらず、そういった式はほとんど報道されない。面白要素がないからだ。誰かが暴れた式だけを挙げつらい、すべての式がこうだと言わんばかりの報道をする。最低である。いつの頃からか成人の日に暴れる若者を報道するというのが風物詩になっているが、そんなものは放送局が勝手に作り出した妄想でしかない。これもまた自分たちが世論を作っているという気になっているのではないか。「最近の若者は……」論法である。私に言わせれば、最近の（放送局が報道しないほとんど一〇〇パーセントに近い数の）若者の礼儀正しさ、真面目さには拍手を送りたい。なぜそうも言いきれるのかといえば、まさに私はそういった年代（一八歳から二二歳）の大学生を相手に何年も授業を行っているからだ！　放送局の極端な報道よりも圧倒的に説得力があるのではないだろうか。もちろんこれは細部を見て全部を語る放送局のやり口と変わらない。だが、否定的に捉えるよりも肯定的に捉えたほうが得るものは大きい（それにあなたの実感からしても私の意見に賛同してもらえるだろう）。

細部を見て全部を語る、この誤った論理を、いくつかのマスメディアは上越新幹線の脱線に関しても利用した。この事故だけをピックアップし、日本の新幹線の安全神話が崩壊した、と。だが、この脱線は中越沖地震が直接的な原因で起きた。この地震は直下型でマグニチュードは七・〇を超えていた。おまけに新幹線は時速二〇〇キロメートル以上で走行していたのである。この状態で新幹線は脱線したにもかかわらず、死者は一人も出なかった！　なぜマスメディアは「むしろ安全神話を確かなものにした」と報じられないのか、はなはだ疑問である。日本のとんでもない技術力をまさしく示したこの大地震に起因する事故をネガティブにしか報道せず、日本の技術力を貶《おとし》めるその努力には涙が出る。さすがは批判がお仕事のマスメディアである。

未来志向で

生来私はポジティブな性格で、知り合いにはことごとく「ポジティブだねー」と言われるほどだ。しかし、それで損をしたことはほとんどない。冒頭で引用したピーター・W・アトキンスの言葉のように、ネガティブの中にもポジティブがある。それを見出していくのがポジティブシンキングである。あるいはポジティブ発想法と言ってもいい。私が述べた二つの出来事からはいずれもポジティブで新しいものが生み出せているはずだ。

ポジティブシンキングを鍛える方法は実に簡単。新聞を読めばいい。新聞の見出しはたいてい批判的に書かれているので、記事を読んでこれをポジティブな見出しに変えればいいだけだ。すると全く違うものが見えてくる。記者の視点は日本人を代表したものではないし、ましてやあなたの視点でもない。記事の内容自体は限りなく客観的に書かれていると思われるので、それを頼りに、あなたなりの見出しをつけてみよう。

どんな悲劇も、次のプラス、未来へとつなげていかなければ被害者や犠牲者に対しての心からの哀悼にはならない。

コラム

NO！　能天気

能天気という言葉、というか性質がある。辞書によると「のんきで、安直なこと。また、そのような人やさま」のことだ。この能天気という性質、外見はポジティブシンキングとそっくりだ。失敗してもくよくよしない、前向きである、過去を振り返らない。ならばポジティブシンキングと能天気は似たようなものなのか、というと、そうではない。

能天気に陥らないために、これらの共通点を比べてみよう。

①失敗してもくよくよしない。

これ自体はとてもいいことであるし、生きていくうえでも大切な心がけだ。そういった点では双方の「失敗してもくよくよしない」は共通している。しかし、そのあとどういう態度を取るかというところで二手に分かれてしまう。能天気な人のほうは、失敗をしてしまったのは仕方ない、悔やんでもどうにかなるものではないし、もう別にいいや、次頑張ればいいだろう、と無責任さを前面に出す。ポジティブシンキングのほうは、失敗を悔やんでも仕方がない、次は失敗しないために何をすべきか、どうすべきか、と考える。このどちらを選択するかで、今後の明暗はおおいに分かれる。能天気な人ならいつまでも同じ失敗を繰り返すだろう。ポジティブな人なら失敗をバネにするので、成功にぐっと近づける。

②前向きである。

こちらももちろんすばらしいことだ。そもそもポジティブシンキングを日本語に訳した場合、ほとんどの人が「前向き」と訳すだろう。全く間違いではないし、英語のテストでもマルをつけてもらえる。だが、能天気な人の「前向き」はいいことばかりではない。要は「失敗してもくよくよしない」と変わらないのだが、前を向きすぎるのである。みずからの行いを省みずに突っ込んでいってしまう。つまり慎重さがない。それなのにへらへらと次こそは――などと口走る。けしからん「前向き」だ。では、ポジティブシンキングの「前向き」はどうあるべきか。この「前」とは、未来のことだ。真にポジティブであろうとするならば、人生は続いていくものであるということを絶対に忘れてはいけない。未来を見据えて行動し、そのうえで前に進んでいかなければならない。

③過去を振り返らない。

これも総合的には前述の二つとあまり変わらない。能天気な人の「過去を振り返らない」行為、皆さんも予想はついていることだろう。ずばり、過去から学ばないということだ。人間には学習能力というものがある。これが盛んに発揮されるのは、おそらく記憶にもないほど幼い頃だろう。

コラム

ボールを床に叩きつけると手元に戻ってくる、何度やってもそうなる。ピーマンはまずい、よって次からは食べない。などと、学習が発揮される例は尽きない。ほかにも、私たちが未来のために過去から学んだことがある。本文でも述べているように、戦争から平和を学ぶことができるのである。過去から学ぶということは、そういうことだ。

大人になっても学習するという行為をやめてはいけない。生涯学習とはよくいったもので、同じ過ちを繰り返さないために、人間には学習することが非常に重要である。すなわち、ポジティブシンキングな「過去を振り返らない」とは、過去を見据えるということだ。未来を見据えるのと同様、これもまた大切なことなのである。過去を見据えて、みずからの失敗を省みる、あるいは成功を省みる。そうしてなぜ失敗したのかを考え、なぜ成功したのかを思い出す。過去の栄光に浸ることではなく、過去を身につけることが大事だ。

さて、能天気をポジティブシンキングの類似品として同じように扱う危険性は十分に理解してもらえただろう。総じて、能天気の危険性とは不感症になってしまうということである。ポジティブに生きているつもりが、いつの間にか陥ってしまう罠が能天気だ。失敗を積み重ねることによって人は成長していくものだが、同時に失敗に慣れてしまっては意味がない。道端の石につまずいて転んで膝から血を流す、それがかさぶたとなり、治りかけ特有のかゆみを我慢していると、やがてかさぶたは取れて、より丈夫な皮膚が現れる。誰でもこのような経験をしたことがあるだろう。そのあと、あなたはどうしただろうか。皮膚が丈夫になったからと、これまで同様、道端の石に注意もくれずに歩いただろうか。そうではなく、自分の歩く場所をよく見て、石のような危険物がないか確認しながら歩くようになっただろう。もっと言えば、ほかの人が転ばないようにとその石をどこか危険でない場所に移動させたかもしれない。失敗を積み重ねた先の成長とはそういうものである。

そういえば、あまり全面的に尊敬できるポジティブシンキングではないかもしれないが、失敗をあからさまにポジティブに変換している人たちがいる。テレビによく出ているお笑い芸人たちだ。彼らは写真週刊誌に撮られればそれをトークのネタにしてしまい、笑いをとる。自分の身に起きるさまざまなこと、ひいては自分の失敗そのものまで、自虐的であろうとなんだろうと笑いのために利用してしまう。テレビや劇場で簡単に見られるが、こんなダイレクトなポジティブシンキングはなかなか見られるものではない。意識していないと、ただ面白可笑しい話をしているだけのように思える。とある芸人は、自分の壮絶なほど貧乏だった生い立ちをテレビで散々ネタとして笑い話にしたのち、そのことを本にして出版した。映画化までされた。人生を懸けたポジティブシンキングである。

少し話が逸《そ》れたが、この芸人が単なる能天気な人間であったなら自分の生い立ちをネタにすることすら思いつかず、ほかの数多くいる芸人と変わらぬ創作しか作れなかったことだろう。ポジティブシンキングと能天気はこんなところにも違いを生んでいる。

「よし、今日から自分もポジティブシンキングを心がけよう」と思ってもらえたならば幸いだ。くれぐれも類似品にはご注意を。

第11章
引き算発想

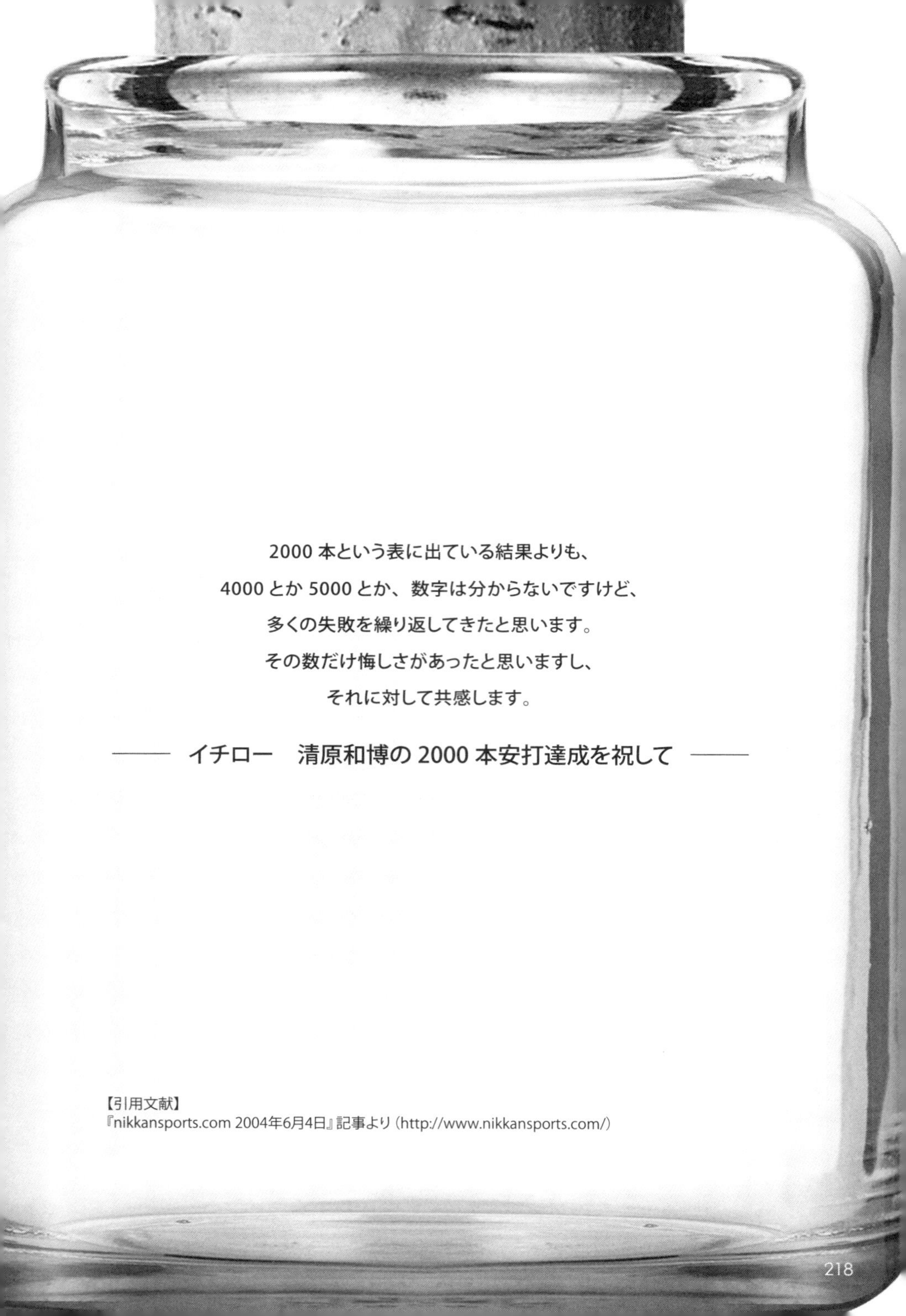

2000本という表に出ている結果よりも、
4000とか5000とか、数字は分からないですけど、
多くの失敗を繰り返してきたと思います。
その数だけ悔しさがあったと思いますし、
それに対して共感します。

―― イチロー　清原和博の2000本安打達成を祝して ――

【引用文献】
『nikkansports.com 2004年6月4日』記事より（http://www.nikkansports.com/）

とうとう最後の発想法に行き着いた。本章はほかの章と比べると具体性を重視している。自己目標設定という主題に沿って、その流れの中で発想法を用い、説明を試みている。これまでの四つの章とはいささか雰囲気が違うものの、むしろ本章以後の章と似た体裁にしてあるので、前後の章をつなぐいわば接着剤としての役割を果たしてくれるだろう。

自己目標設定

ある企業が年度初めに前年度比何パーセントかの売り上げ向上という目標を設定したとしよう。言うまでもなくその目標値を達成するために事細かな計算がなされ、一年間（もしくは半期、月ごと）の仕事の見通しを立てる。営業、生産量、広告、人件費など、戦略的な目標が定められる。言い換えればそれは企業全体としての目標である。

また、国家が失業率を何ポイントか改善しようという目標を立てるとする。関係省庁や自治体はそのために何やかやと仕事をする。すべては国家目標に従って。

けれども、企業の売り上げを向上させるのであれ失業率を改善するのであれ、中心にいて頑張らなければならないのは結局のところ個人である。社員が汗水垂らさなければ売り上げは伸びないし、国民に就職する意思と行動がなければ失業率は改善しない。つまり、いくら全体の目標を設定したとしても、個人が努力しないとどうにもならない。

果たして本当に個人が全体のためだけを考えて頑張れるものだろうか。一昔前はそれができたかもしれない。だが、みんなの時代が終わった現代において、それは不可能に近いだろう。

その解決策となるのが平均という考え方だ（数学でいう平均にはいろいろな種類のものがあるが、単純に全部を足して全部の個数で割るというおなじみの平均で結構）。平均という言葉は全体という言葉と入れ替えられる。個人が伸びた分を足し合わせて人数で割ったものは平均の伸びとなる。したがって、全体を伸ばすには個人を伸ばすしかない。

仮に平均で三ポイント伸ばすとしたら、それは全体を構成する個人がそれぞれ三ポイント伸ばすことである。なかには一ポイントしか伸ばせない人がいるかもしれないが、別の人は五ポイント伸ばすかもしれない。平均すれば三ポイント伸びていることになる。個人にはレベル、違いがあり、皆が一様に同じレベルで同じだけ伸びることは実際にはありえない。そう考えると、大事なのは個人ということになる。個人が自分を伸ばせば、結果として全体が伸びるわけだ。しかしながら、ここではあなたのことしか想定していないので、全体のことは考えなくてもいい。

そこで自然に導き出されるのが自己目標設定である。全体のことを考えようが考えまいが、どうであれ個人的な目標を設定することこそがあなたにとって重要なことだ。

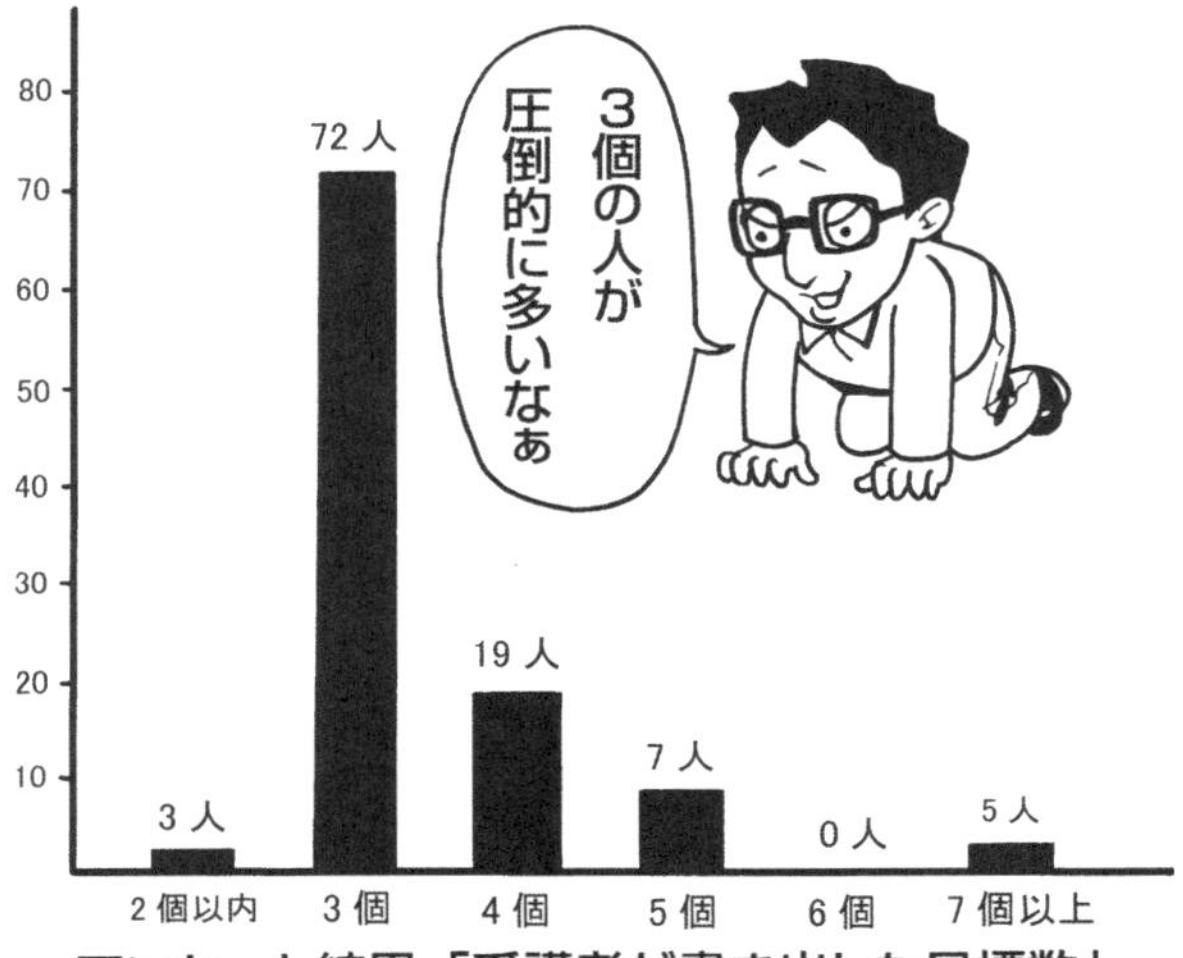

アンケート結果「受講者が書き出した目標数」

では、ここで、半年後に自分自身を三ポイント伸ばすための目標を設定し、書き出してほしい。

さて、あなたは目標をいくつ書いただろうか。その中身はなんだっていい。仕事のことでも生活のことでも趣味のことでも。私の教える受講者にアンケートを取ったところ、一個か二個だったのが三人。三個が七二人、四個が一九人、五個が七人、六個がおらず、七個以上が五人だった。

次に、あなたが現在目標を達成できるであろう自己目標達成率を書き出してほしい。何割、という形で、小数点以下の数字はいらない。受講者にアンケートを取ったところ、一〇割が一人、九割がおらず、八割が三人、七割が七人、六

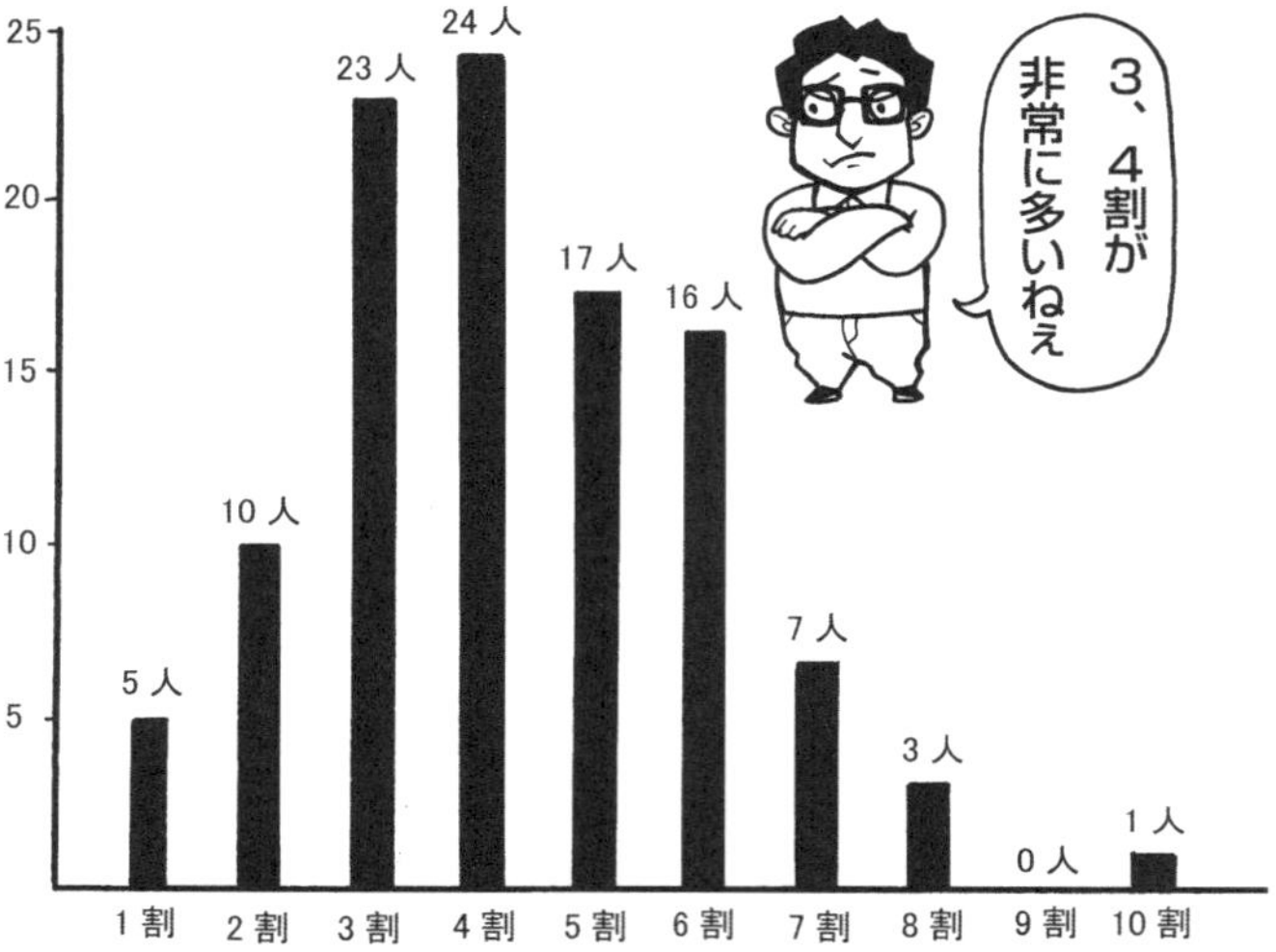

アンケート結果「受講者が書き出した自己目標達成率」

割が一六人、五割が一七人、四割が二四人、三割が二三人、二割が一〇人、一割が五人だった。

あなたの数字がいくつかは私には知りえないが、過去に調べた数字の平均という概念は非常に有効なので、平均的な数字を持ち出して議論を続けていくことにする。すなわち、目標数は三個（七二人で圧倒的！）、達成率は三割から四割だ。

ということは、達成率三割の人が目標を三個書いたとすると、その人の、半年後の目標達成ポイントは〇・九個ということになる。つまり、一個も達成できないのである。四割ならば、やっと一個を超える。それでもたったの一個だ。これで本当に三ポイントも伸びると思うだろうか。達成数は目標数×達成率で求められるので、あなたもぜひ自分の予想達成数を計算してみてほしい。それは三個を超えているだろうか？

いったいなぜ、自分を三ポイント伸ばすために設定する目標の数を三個しか書かないのか。それは、日本人の大半が足し算発想をしているからだ。これはゼロベースに三を足して結果三となる、すなわち「〇＋三＝三」という考え方のことを言う。この表面上は小学生向けの数式が何を意味しているかというと、間違いなく、失敗を想定しないということを意味している。日本は失敗をあまり好まない国だ、なんていうことをときどき耳にしないだろうか。その原因は、多くの人が足し算発想に陥ってしまっているからである。これではとても息苦しくて気軽に目標を設定することもできない。

引き算発想

もし達成率が三割だとしても、自分を三ポイント伸ばす方法がある。目標を一〇個設定すればいいのである（もしくはそれ以上でもいい）。わざわざ計算してみると「一〇×〇・三＝三」。これで目標は三個達成されることになる。そして大事なのは、この陰に七の未達成があるということだ。失敗を好まない社会では、七の失敗は恥であり疎ましいものとして扱われる。誰もが失敗を恐れ、完璧主義の落とし穴にはまってしまい、身動きが取れなくなる。いっそのこと何もしなければ失敗もしないとさえ考えてしまうかもしれない。残念ながら、私に言わせればその考え方こそが恥ずかしいもので、同時に悲しいも

のだ。こういう格言を聞いたことはないだろうか
——失敗は成功のもと。
この有名な格言が意味するところは、失敗することで原因を分析し成功へとつなげられたということだろうが、もう一つ解釈の仕方がある。失敗するのは、挑戦したからだ。したがって、たくさん挑戦すればするほど失敗も増える。けれども、その中には成功もある。一〇の挑戦をし、七の失敗をした。でも三の成功を摑んだ。これこそ失敗は成功のもとという言葉の意味することではないか。
達成率が五割ならば六個の目標を設定すればいい。より多くの目標を設定すれば、自分を三ポイント伸ばすのはもっとやさしくなる（目標を達成すること自体はなんであれ難しいが）。私はこの考え方を引き算発想と呼んでいる。目標とは挑戦であり、未達成とは失敗だが、目標から未達成を引き算すれば達成が残る。失敗は望ましくないものだ。しかし、成功者（何をもって成功者とするかはあなたの判断にお任せする）の多くが失敗を称え、失敗を喜ぶ。なぜそんな考えを持つに至ったかといえば、成功者のことごとくが足し算発想ではなく引き算発想をしていたからだ。その最たる人物（尊敬すべき人物）がイチローである。

冒頭のイチローの言葉だけで、私が本章で言いたいことは簡単にまとめてしまうことができる。これは二〇〇四年六月四日、清原和博が二〇〇〇本安打を達成したとき、イチローが『日刊スポーツ』のインタビューに対して答えたコメントだ。私はこれを読むまでイチローを深く理解していなかった。だが、多くの選手が二〇〇〇本安打そのものを祝う中で、イチローだけが凡打に焦点を当て、称賛を送った。二〇〇〇本のヒットの陰には、無数の凡打（達成時点で清原は七二四四打数なので、五二四四の凡打）があった。それは当たり前のことなのに、気づいたのはイチローしかいなかったのである。

イチローがすばらしい野球選手であるのは疑いようがない。毎試合、当然のようにヒットを打つ。しかし、だからこそ、イチローはヒットの何倍もの凡打を研究しているのだろう。たとえ三割五分の打率を残しても、二〇〇〇本安打を達成しても、そこには四〇〇〇本近い凡打がある。あのイチローでさえ達成率すなわち打率は一〇割ではない（メジャーリーグでは四割打者が出なくなって久しい）。二〇〇〇打数二〇〇〇安打ではなく、六〇〇〇打数二〇〇〇安打なのである。イチローは常々凡打が自分を磨いてくれると発言している。その真相は、先に述べたように二つの意味がある。一つは失敗の原因を分析して成功へつなげられること、もう一つはそれだけたくさんの挑戦をしているからこそヒットを打てるのだということ。誰もがイチローのこの姿勢を見習わなければならない。それなのにまだ三個しか目標を設定しないでいるのは賢いとはいえまい。半年後に自分を三ポイント伸ばすために、あなたはいくつの目標を設定し——そして達成するのだろうか。

自分の達成率に照らして目標を設定しない限り、自分を伸ばすのは難しい。目標をたくさん設定するのは一つの方法だが、むろん達成率を上げる努力を怠ってはいけない。そして半年後に達成できなかった目標は、次の半年後に達成しようとすればいい。

コラム

やっぱり二番じゃダメなんだ

二〇一〇年二月に開催されたバンクーバーオリンピック。この冬季オリンピックをテーマに記事を書くとしたら、あなたはどんなタイトルをつけるだろうか。私はやはり、イチローの言葉を使いたい。浅田真央がフィギュアスケートで銀メダルを獲得したとき、マスコミはイチローにコメントを求めた。彼は「初めての舞台でそれだけ力を発揮して銀メダルは凄い」「悔し涙を流したのは凄い話。通常、うれし涙でもおかしくないわけだから」と言った。

これを読んだ私は、驚き、感動して何度も記事を読みかえした。こんなすばらしいコメントができるのはイチローをおいてほかにいない。演技の点数や技術的なことには全く触れず、浅田真央の悔し涙を褒めたのである。さすがとしか言いようがない。

私はある言葉を思い出さずにはいられなかった。その言葉やそれを言った人物のことはどうでもいい。私が言いたいのは、そう、「二番ではダメなんだ」ということだ。銀メダルに悔し涙を流している浅田真央に「銀メダルですよ」と声をかけていたアナウンサーもいたが、なんと情けないことか。二番でいい、銀メダルで十分すごいなどと軽々しく言ってしまう人々があまりに多かった。もしかすると、選手たちの周りがそんなだから、日本勢はバンクーバーオリンピックで振るわなかったのかもしれない。しかし、選手たち自身は違う。スピードスケートの長島圭一郎や加藤条治、パシュートの小平奈緒、田畑真紀、穂積雅子も、メダルを獲得しながらも金メダルへのこだわりを言葉にした。メダルを獲得した選手のみならず、すべての選手が金メダルを目指していたのである。

同じ東アジアの国として比べられた中国や韓国が多数のメダルを獲得できたのは、国中がオリンピックで一番を取るのだという心積もりで応援していたからではなかろうか。両国は参加することに意義があるなどとは露ほども考えておらず、一番でなければ意味がないというくらいとてつもない意気込みでオリンピックに臨んでいたはずだ。日本に、両国と同じ空気があっただろうか。残念ながら、私は疑問に思う。

オリンピックは言うまでもなく各国の一番の選手たちが集まり、その中で競い合う最高レベルの舞台である。誰もが「世界で一番」を目指して戦う。それだからこそ一番になれる。一番を目指した結果として二番になってしまうことはあるかもしれない。だが、私は声を大にして言おう。二番を目指すことなど絶対にありえない！　結果としての二番はあるとしても、二番を目指しての二番はない。二番ではダメに決まっている。一番を目指さなくてどうするのか。二番ではダメなのかと真面目な顔をして言ったり、一番になれなくて悔しがっている選手に銀メダルを喜べと言ったりするような人々に、選手たちの気持ちはきっとわからないだろう。なぜ選手の気持ちになれないのか、私は理解に苦しむ。

周囲の言葉に惑わされず、一番を目指した選手たちに私は拍手を送りたい。銀メダルで悔しい。そんなことを言える選手がいるのだから、日本人はまだまだできる。一番になれる。

それに比べ、二〇一〇年のFIFAワールドカップで「ベスト4が目標」と公言していた日本代表の監督がいる。これは優勝の放棄にほかならない。ベスト4を目指してのベスト4などありえないのである。優勝を目指さず、最初からベスト4を目指しているのならば、間違いなくベスト4には入れないだろう。なぜなら、ほかのほぼ全チームは優勝を目指しているからだ。

だから、代表に選出された本田圭佑が「どのチームも日本より格上ですけど、出る以上は勝たないといけないと思っていますし、勝つチャンスは必ずあると思っています。実現できるかどうかは正直わからないです。ただ、実現しようとするかしないかが大事なんじゃないかなと思います。僕自身はベスト4ではなく優勝を目指してもいいんじゃないかというふうに個人的には思っています」と発言したように、監督自らがそう言わなければならないのではなかろうか。

コラム

優勝、一番を目指さなければならない。その結果、二位になることもある。予選落ちし、最下位になるかもしれない。しかし、一番になる努力を怠ってはいけない。一番になれなかったら、次のために思う存分悔しがればいい。その悔し涙は美しい。

次に引用する言葉は、著作家のナポレオン・ヒルのものだと言われることもあるが、作者・出典とも不詳である。この文は、当時中学三年生だった私の息子が、プロサッカー選手を夢見て努力しているとき、全治一年半の大ケガをし、ケガと闘いながら、いつも机の前に貼って読んでいた言葉であり、非常に思い入れがある。


もし、あなたが負けると考えるなら、あなたは負ける。

もし、あなたがもうダメだと考えるなら、あなたはダメになる。

もし、あなたが勝ちたいと思う心の片隅でムリだと考えるなら、あなたは絶対に勝てない。

もし、あなたが失敗をすると考えるのなら、あなたは失敗をする。

世の中を見てみろ。最後まで成功を願い続けた人だけが成功しているではないか。

すべては人の心が決めるのだ。

もし、あなたが勝てると考えるなら、あなたは勝つ。

向上したい、自信を持ちたいと、もし、あなたがそう願うなら、あなたはその通りの人になる。

さあ、再出発だ。

強い人が勝つとは限らない。すばしっこい人が勝つとも限らない。

私はできる。そう考えている人が結局勝つのだ。


子供たちでもそのように考えているのに、それでも二番でいいと言えるだろうか。

第12章
不況の連鎖

生き残るための唯一の道は分散して賭けることだ。

―― ウィリアム・パウンドストーン ――

【引用文献】
『天才数学者はこう賭ける　誰も語らなかった株とギャンブルの話』ウィリアム・パウンドストーン著、松浦俊輔訳（青土社、2006年）

経済は人間の心理以上に予測不可能なものである。生き物のようだと例えられることがあるが、これは言い得て妙だ。生き物を個別に見て心理状態や次の動きを予測することは困難極まるものの、親から産まれてくる、腹が減ったら食事をする、時間が経てば死ぬ、などと全体的な傾向あるいはパターンから予測しうる事柄は多々ある。経済も同様、明日や一年後にどうなっているかはわからないが、円高になれば貿易赤字になる、消費が落ち込めば不況になる、というようなパターンから予測できる事柄がある。本章と次章で、私は二つの出来事を取り上げ、パターンの強力さとそれらの出来事に内包された(包み隠されたというほうが正しいかもしれない)ことを解き明かしてみようと思う。本章ではまず後者についで述べていく。

その出来事というのが二〇〇八年のリーマンショックと二〇〇九年のGM（ゼネラル・モーターズ）破綻である。あえて説明する必要もないだろうが、万全を期すため簡単に説明しておく。前者はサブプライム層（ローンを完済できるか不明瞭な人々）に貸しつけた住宅ローン、サブプライム・ローンの焦げつきが原因でアメリカの最大手金融会社リーマン・ブラザーズが破産した事件であり、後者はリーマンショックに端を発する世界的な不況のあおりを受けて、これもアメリカの最大手自動車会社の一つGMが経営破綻に陥った事件である(これらの流れに関しては次章でも述べる)。わざわざ事件に傍点を振ったのは、それに値するくらいの出来事だったからだ。この二つは非常に密接に関係している。とはいえ、私はリーマンショックの原因を述べるつもりはなく、これはもう起きてしまったこととして捉えることにする。リーマンショックからの不況を単なる不況と考えるのでは不十分であること、そして二つの事件が普通考えられる以上に密接な関係にあることを心に留めておいてほしい。

私はもちろん経済学者ではないので、経済という複雑怪奇な人間活動に詳しいわけではなく、むしろ詳しくないといっていい。だが、私が第7章で提示したチャネル変換型発想を用いると、経済学者でない私やあなたでも経済学者以上の分析が可能となることを示したい。

はっきり言って事件発生当時にコメントした大半の学者やコメンテーターが、事の本質を捉えているとは思えなかった(すべての、とは言わないが)。現象に対して名称を与えられると、それがフィルターとなり、大事なところが見えなくなってしまうことがある。リーマンショックを説明するときにリーマンショックという言葉を、GM破綻を説明するときにGM破綻という言葉を使っては全く意味がないのである。こういうときに真価を発揮するのがチャネル変換型発想だ。すでにあなたもご存じのこの便利な道具が、たった一言に隠された本質を暴いていく。

では、経過順に見ていこう。まずリーマンショック。これは住宅産業に大打撃を与えることになったが、住宅産業とはいったいどういうものだろうか。あなたに「住宅産業といったら○○」とチャネル

変換型発想をやってもらいたい。その際、家に付随する、引っ越ししたときに必要となるものや消費されるもの（カーテンやテーブル、歯ブラシなど）を挙げてほしい。材料や素材は必要ない（ソファを「生地」まで分解しなくていい）。時間は三分。ではスタート。

いくつ書き出せただろう。三〇個以上であれば本書を読んできた成果が出ていると思われる。それ以下ならばもっと精進すべし。これは才能でもなんでもない。努力した分だけ結果が出る。今回もまた受講者に答えを挙げていってもらったので、次頁の一覧を参考にして進めていこう。

ご覧のようにとんでもない数が挙がったものの、まだまだあるかもしれない。が、議論には必要ないのでここまでで構わない。この一覧からわかることは、住宅産業と一言でまとめても実際には途方もない数の産業が関わっているということだ。リーマンショックという言葉の裏には、これらの産業すべてが損害を被るという事実が隠されていた。このことを口にしたコメンテーターはいただろうか。表面的には「ものすごく多くの分野に影響が出る」とは言っても、自分の発言が指し示すものを挙げない限りは無意味だろう。当然この一覧をまとめなければならないが、それはあなたへの宿題としておこう（第7章を参考に）。

この結果から何がわかるかというと、住宅というものが生活の中心であるということだ。衣食住は平

住宅産業でチャネル変換型発想したもの一覧

トイレ　TV　キッチン　ベッド　こたつ　布団　玄関　蛇口

扇風機　エアコン　日本人形　金庫　パソコン　表札　座布団

インターフォン　段ボール　ラジオ　庭　ガーデニング　時計

畳　カーテン　下駄箱仏壇　カレンダー　ごみ箱　ふすま

光熱費　電話　冷蔵庫　掃除機　床の間　フローリング

カーペット　新聞　ゴキブリホイホイ　壁紙　保険　暖炉

ソファ　鏡　かわら　ロッキングチェア　観葉植物　ベランダ

防犯カメラ　机　椅子　テーブル　煙突　コンセント

ブレーカー　ピアノ　オルガン　エレクトーン　筆記用具

印鑑　縁側　ペット一式　DVDレコーダー　換気扇　水槽

太陽電池(ソーラーシステム)　タオル　塀　傘　傘立て

ガンプラ(おもちゃ)　柱　洗濯機　タンス　ハンガー

ミシン　電灯・電気　敷地(駐車場)　車　ウォシュレット

はなれ　物干ざお　自動乾燥機　リフォーム　階段

季節の人形　本棚(本)　除湿器　オーブン　風呂　シャワー

鯉のぼり　洋服一式　消火器　サンドバッグ(フィットネス)

幽霊　石油ストーブ　包丁(キッチン用品一式)　etc.

等に大切なのではない。食が最重要なのはわかりきっている。けれども、家もまた同じくらい重要だ。家があれば裸でもいいではないか。一カ所に定住しない遊牧民でもテントを建てる。山やジャングルでキャンプをするのはそれが家の代わりだからだ。家がなければ、一覧にあるものの大半は買えない。言い換えれば、住宅産業が不調だと消費力は低下し、好調だと向上する。全くもって自明のことのように思われるかもしれないが、こんな簡単なことがリーマンショックや住宅不況という名称に覆い隠されてしまっていたのである。そして家を失うということは生活ができなくなるということである。これがどれだけ大きな問題であるかは明らかだ。

買われなくなるものの一つに自動車がある。一般的な家庭にとって住宅の次に高級なものはこれだろう。当然、住宅がなければ自動車も所有できない（自動車に住んでいる人は別だが……）。食べるものに貧窮する前に、自動車などがいの一番に手放されてしまう。となると、GMが破綻したのもうなずけるのではないだろうか。生活することが困難なのに、自動車に回す金がどこにあるというのか。購入費のみならず燃料費や保険料など自動車はとても金くい虫だ。住宅産業が不況に陥るや、続けざまに自動車産業が大打撃を受け、こちらの業界もまた不況へと突入していったのである。

今度は、「自動車産業といったら○○」というお題でチャネル変換型発想をやってもらう。自動車に

関わっている事柄を書き出してほしい。時間は三分。スタート。

もうすでに、あなたの脳は爆発寸前なほどの疲労状態にあるだろう。だが、もう少し耐えて結論まで読み進めても損はない。今回も体系的にまとめる作業は宿題にして、大事なことを付け加える。それは、自動車を作っている国はどこかということだ。これはどちらかといえば同一視点発想だが、答えは日本、アメリカ、ロシア、ドイツ、イタリア、フランス、イギリス、スウェーデン、韓国、中国、インド。ほかにもあるかもしれないが十分である。

さて、この国々をもって私は何を言おうとしているのか。こういう場合、共通点を探ってみるのが有効だ。多くが先進国なのである。つまり、先進国と呼ばれるための契機は、そう、自動車産業だ。すなわち、自動車産業とは先進国家としての証しなのである。先進国であるからこそ自動車が作れるともいえる。だからこそ、発展途上国と呼ばれ後れを取っていた中国やインドは自動車を自国で生産しようと奮闘したわけだ。当然技術や自動車の品質、性能は生産し続けてきた時間に比例する。それでも自国で自動車を作っているという事実が先進国の証明となるのである（どんな国も先進国と名乗りたいに違いない）。

そして自動車産業がその国にとっての中核を担っているのは、これが国家の骨格的な産業だからだ。

自動車産業でチャネル変換型発想したもの一覧

半導体(エレクトロニクス)　エンジン　エアバッグ　カーナビ
ミラー　バッテリー　ガソリン　シート　ナンバープレート
ボンネット　クラッチ　アクセル　PA　塗料　ホイール(タイヤ)
保険　スピーカー　G.S.　テレビ　ワイパー　シガーライター
町工場　エコカー減税　ライト　トランク　シートベルト
サスペンション　トミカ　免許　レースクイーン　メタル　ラジオ
洗車　助手席　灰皿　クッション　アクセサリー　高速道路
F1　ハイオク　ホルダー　カラオケ　チャイルドシート　ネジ
ウィンカー　クラクション　タクシー　消臭剤　ドア　マフラー
リモコン　渋滞　ステッカー　薬　事故　カギ　ドライブスルー
ギア　ハンドル　時計　標識　若葉マーク　紅葉マーク　ETC
発煙筒　信号　お守り　おはらい　車検　エンタメ　地図
タンク　排気ガス　水(ラジエーター)　四駆　法規　アスファルト
ブレーキ(パッド)　ウィンドウ(ガラス)　MD　エンブレム
ソーラーパネル　広告　サンルーフ　デコトラ　トランスミッション
子供店長　教習所　ガードレール　国交省　取説　etc.

骨粗しょう症で骨が弱まれば肉も皮も心も衰えていく。そのとおり、自動車産業が崩壊すれば国家が成り立たなくなってしまいかねない。ゆえにアメリカはGMを救おうとした。税金を使うかどうか迷う暇も必要もない。使わなければならなかった。自動車産業が潰れて儲かる産業があるだろうか。あるはずがない。あっちが潰れりゃこっちが儲かる、なんてことはありえない。我が国においても二〇〇九年以降に自動車販売数が急速に落ち込んだ。自動車産業の危機は国家の危機である。それを理解したら、私たち国民は税金を投入することを頭ごなしに否定することはなくなるだろう。潰れて困るのは自分たちなのだから。

住宅産業が危うくなれば、そこに付随する産業も危うくなる。自動車産業は影響をモロに受けてしまった。しかしこれは、きちんとした分析さえできていればリーマンショックのすぐあとにも予測できたことだ(予測できても回避は難しかったかもしれないが、なんらかの対応はできただろう)。パターンとはこういうことである。人間は結局パターンから未来を予測するしかない。もちろん勘よりはちょっとだけましだ。経済学者は常々このパターンを探している。未来を完璧に予知する方程式がほしくてたまらない。が、そんなものはきっと存在しない。それでも未来に向き合うとき頼ることができるのは、過去から現在へと連なるパターンが教えてくれる予測なのである。第13章のテーマはまさにこれだ。むろん、本章においても重要である。

おそらく私は言葉に覆い隠された本質を暴露することに成功しただろう。本章で取り上げたことにかかわらず、どんなことでも名前がつけられると視点が固まってしまう。そこで今まで学んできた方法が役に立つ。チャネル変換型発想はアイデアを生み出すだけでなく、こういった分析（マーケティング）にも非常に有効だ。あなたが書き出していく個々の項目は小さなことでも、それらがつなぎ合わさったら大きなものが見えてくる。

不況だからリーマンショックが起きたのではないし、不況だからＧＭが破綻したのでもない。諸々の原因があってリーマンショックが起きたから、ＧＭが破綻した。この連鎖そのものが不況なのである。

第13章
上流に戻れ

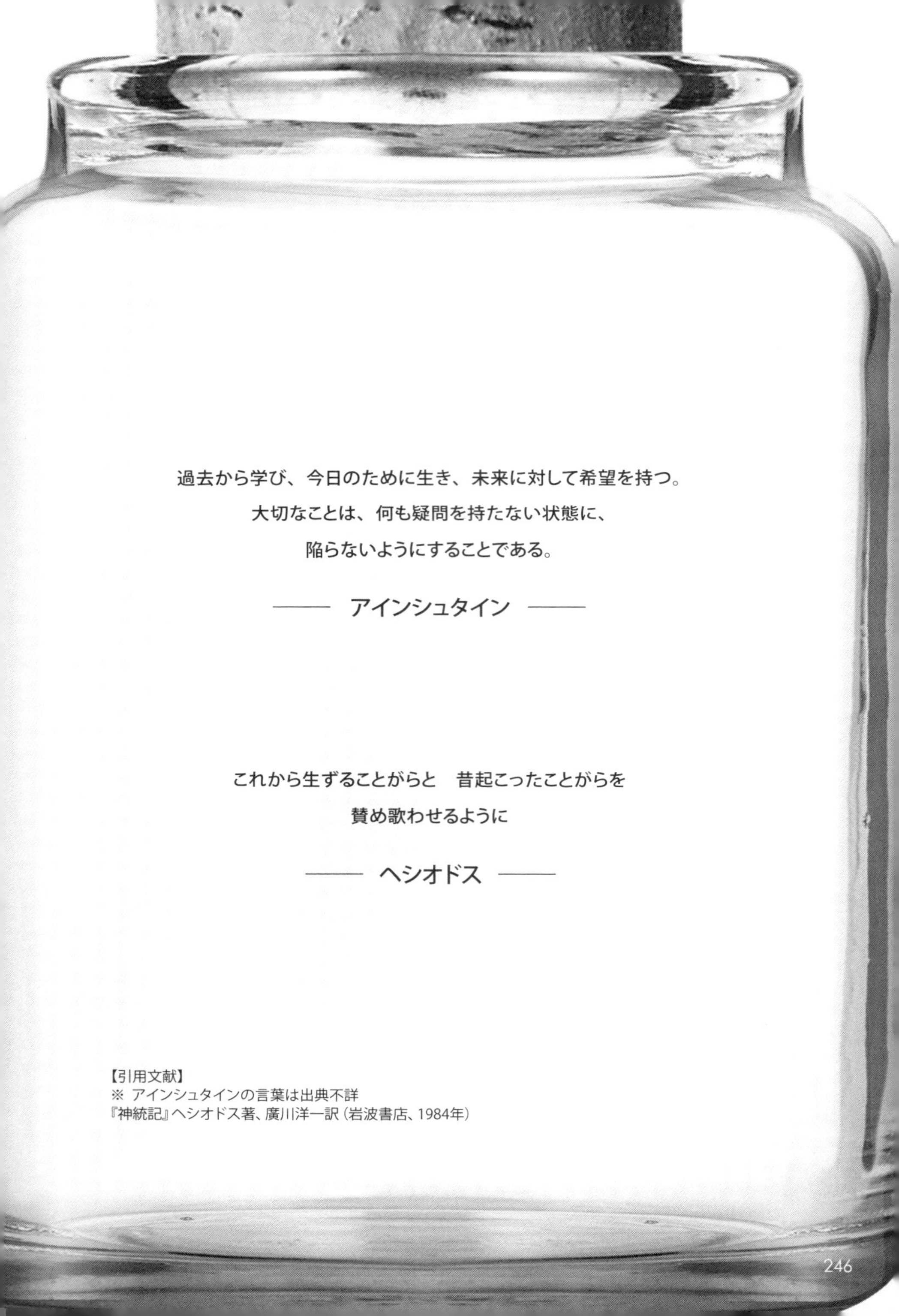

過去から学び、今日のために生き、未来に対して希望を持つ。
大切なことは、何も疑問を持たない状態に、
陥らないようにすることである。

―― アインシュタイン ――

これから生ずることがらと　昔起こったことがらを
賛め歌わせるように

―― ヘシオドス ――

【引用文献】
※ アインシュタインの言葉は出典不詳
『神統記』ヘシオドス著、廣川洋一訳（岩波書店、1984年）

ピラミッドはなぜ倒れないのか。砂漠の上に、巨大な四角錐。「砂上の楼閣」という諺どおりに崩壊して当然のように思える。クフ王のピラミッドは高さ一四六メートル、総重量五七五万トン。一〇万人が二〇年から三〇年かけて二・五トンの石を二三〇万個も積み上げた。地球最大の動物であるシロナガスクジラ約三万三八〇〇頭分というすさまじさである。さらに、ピラミッドははるか大昔からずっとそこにあるというのに、ピサの斜塔のように傾くことがない。ピサの斜塔は今なお少しずつ傾きを増しているから倒れないように車を使って傾き具合をちょうどよく調節するそうだが、ピラミッドはほとんどほったらかしである。

倒壊しない理由を探るため、完成の状態を一〇とし、ピラミッド建設をさかのぼってみよう。九は表面をなめらかにする作業。八は石を現場で組み上げていく作業。七は河岸に運ばれた巨石をピラミッド建造地まで引きずってくる作業。六は舟を使って石切り場から巨石を流す作業。五は石切り場で切り取られた石を粗加工する作業。四は石を切り出す作業。三は石を運ぶルートの開拓。二は労働人員（運搬、次いで組み立て人員）の確保。一は技術者による基礎作り。

基礎作りは水と溝を使って行われた。溝を掘り、そこに水を流し込むと、水は自然に水平になる（だから水に平らと書く）。そうやって測量を行い、古代エジプト人はまず土台を完璧に築いたのである。ピラミッドというのは技術者によってすべてを計算され尽くしていた。ちなみに各辺の底辺は二三〇メートルで、高さは前述したように一四六メートルだが、これは人間が最も美しいと感じるという黄金比になっている（この比率はミロのヴィーナスなどの人工物だけでなく、オウム貝の殻の渦などの生命体や自然にもどうしてか現れている）。第一段階において見事な設計図を作っていたからこそ、建造から数千年を経てもピラミッドは崩壊しないのである（風化はしているが）。

この例を持ち出したのはほかでもない、一〇ではなく一の重要性を強調するためだ。これは現代の仕事における企画や、計画にも当てはまる。本屋でファッション誌を買って記事を読んでいる人がいたとしよう。このとき店頭に陳列されている状態を一〇とすれば、九は本屋の仕入れ、八は印刷、七は広告、六は記事の製作、五は取材、四は打ち合わせ、三は企画のプレゼン、二は企画案の準備、一は企画の発案となる。古代エジプト人に学んだように、生活者たる私たちにとって最も目立つのは一〇だが、重要なのは一である。なぜなら、一がなければ二も三も一〇もないのだから。礎がしっかりしていなければ、ピラミッドだけでなくどんな物事もたちまち崩れ去る。

一の重要性についてはもう少し発展させて考えることができる。あなたに悩みがあるとしよう。それは数カ月前に発生したのだが、なんとかなると楽観的に思って放ったらかしにしていた。すると、なんとかなるどころかその悩みはどんどんあなたを苦しめるようになってきて、今やほかのどんなことよりもあなたの頭痛の種となっている。その様子を簡単な図にしている。乱雑さの程度は時間の経過

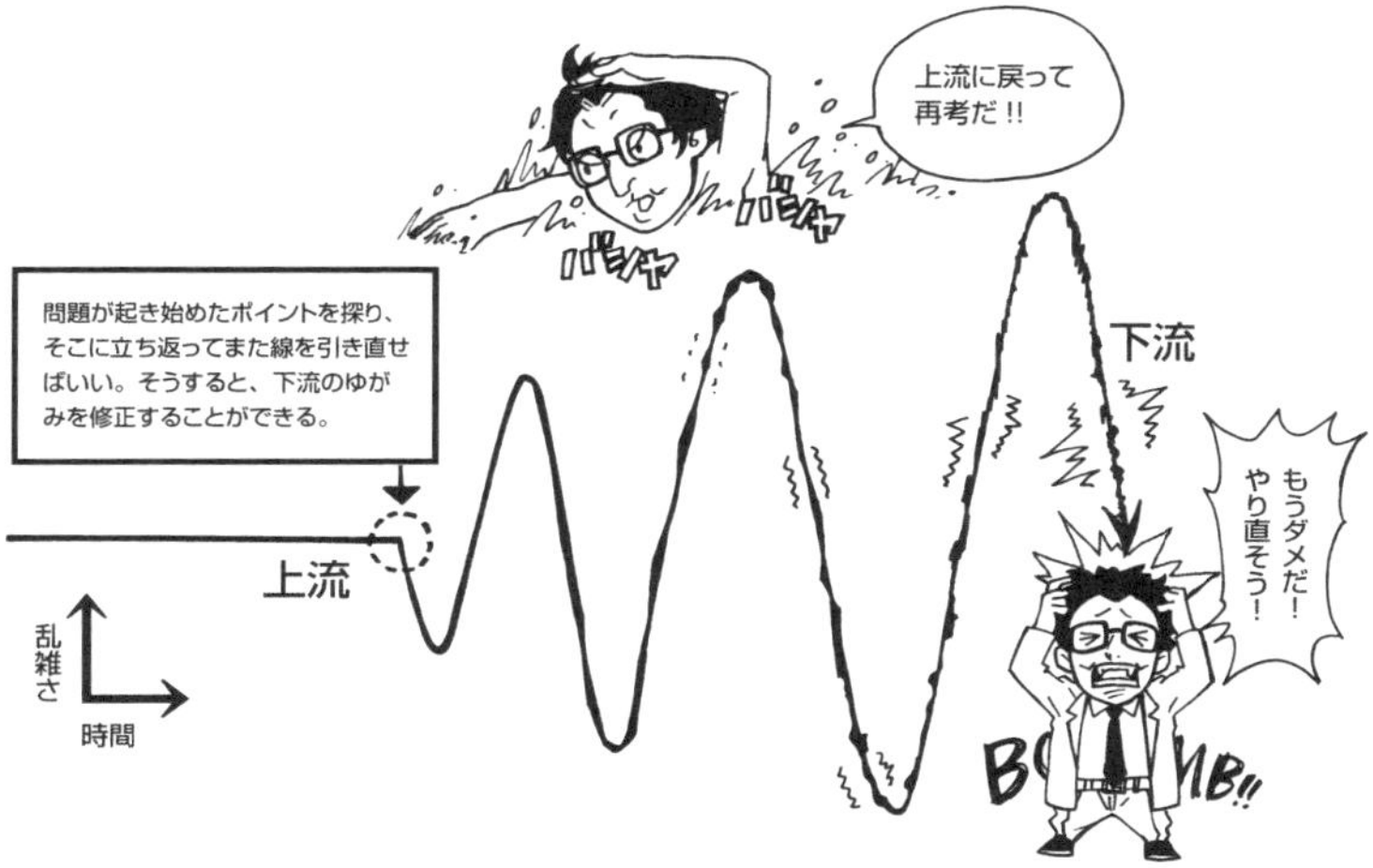
上流に戻って
再考だ!!
問題が起き始めたポイントを探り、そこに立ち返ってまた線を引き直せばいい。そうすると、下流のゆがみを修正することができる。
下流
もうダメだ！
やり直そう！
上流
乱雑さ
時間

とともに大きくなっているのがわかる。

さて、あなたはどうやって悩みを解決しようとするだろうか。私の経験からすると、非常に多くの人がこの揺れを時間をかけて次第に弱めていこうとする。つまり、見えない未来に賭けてみるわけだ。直感的にそうしたくなるのはわからないでもない。だが、原因を突き止めて一気に解決してしまうことはできないだろうか。つまり、まだ揺れが始まっていないところへいったん立ち戻って——上流に戻って、線を引き直せばいい。

これを実践したのが、かのバラク・オバマ氏である。彼が大統領に就任した二〇〇九年初頭、まだGMは破綻していなかったが、すでに世界中で不況の連鎖(第12章参照)は始まっていた。その兆しとして、二〇〇六年の時点でサブプライム・ローンがくすぶり出しているのはわかっていた。二〇〇七年には住宅バブルが崩壊し、二〇〇八年にリーマンショックが発生した。大統領選でオバマ氏がヒラリー・クリントン氏と戦っているとき、まさにこれからどん底がやってこようとしていたのである。この不況の流れは、その八〇年前にも人類が経験している（二〇〇年に一度の大不況というのは大間違い！）。

一九二七年に金融恐慌が起きた。そうして、一九二九年に世界恐慌へと連鎖した。各国は不況に対してどう立ち向かったか。イギリスやフランスなど、世界中に植民地を持っていた国々はブロック経済圏を形成し、本国と植民地だけで経済活動を行った。アメリカはニューディール政策を打ち出し、テネシー川でのフーバーダム建設という公共事業によって不況を乗りきろうとした。ドイツは経済的に破綻状態に陥り、ナチズムが台頭してヒトラー指導のもとアウトバーン建設などの公共事業を実施した。いずれにも共通するのは、内需拡大で不況を乗りきろうとしたことだ。日本はどうしたのかというと、ブロック政策によって外交的に締め出されたため、中国東北部や台湾などとの貿易に専念した。

オバマ氏が内需拡大と外交こそが経済力の向上へつながると見抜いていたのは言うまでもないだろう。彼は確かに、アフリカ系アメリカ人として初めての大統領になって今なお国内に残る人種差別を打ち破ってくれるだろう、と支持者に期待されていた。だが、私が考えるに、それは彼が勝った第一の理由ではない。八〇年前、ニューディール政策を打ち立てたのはフランクリン・ルーズベルトである。この政策が見事に役割を果たしたため、アメリカ国民はルーズベルトを英雄視した。結果、彼はリンカーンやジェファーソンに並ぶ人気を得ることとなった。オバマ陣営は、ルーズベルトをひたすら持ち出したのである。ルーズベルトの言葉を引用し、ルーズベルトが演説をした地で演説をした。オバマ氏はルーズベルトになろうとしていた。そして国民も、彼にルーズベルトを重ねていた。就任後、彼の環境関連の政策はグリーン・ニューディール政策と呼ばれている。彼はまさしく上流に戻って線を引き直そうとしたのである。

川の上流から毒が流れているとしよう。下流でどうにかしようとしても無駄だ。毒はいつまで経っても消えない。なぜなら、根源がそこにはないからだ。群馬県の北西部には吾妻川ある。ここは草津温泉で有名だ。温泉が湧く、つまり硫黄などが流れ出すために、この川の水は鉄をも溶かすほどの強酸性になった。これが問題にならないはずがなく、一九六三年、上流に中和のための工場が建てられた。塩基性の石灰水を川に流し込むことで酸を中和させたのである。これによってできた塩も体にいいとはいえないため、その下流域に造られたダムで取り除くことにした。そこを通過してきたさらに下流の水は、ほぼ中性で無害となった。

上流に戻って成功した例はまだある。任天堂のＷｉｉだ。従来のテレビゲームないしコンピューターゲームというのはじっとしたままコントローラーを操作するものだった。しかし、コンピューターゲームが登場する以前、子供たちは家の外で体を動かして遊んでいた。野球、サッカー、メンコ、ベーゴマにカルタなど、挙げればきりがない。ファミリーコンピューターからスーパーファミコン、プレイステーションなど、体を動かさずに遊べる玩具が出てきたがゆえに運動不足や視力の低下が問題視されることもしばしば。ゲームは悪という一面的な風潮さえ出てきた（むろん喝と天晴れが共存している）。そこに登場したのがＷｉｉだ。革新的だったのは、外での遊びをコンピューターゲームに取り入れたこと、つまり昔のように遊ぶ人に体を動かすよう仕向けたのである（その斬新さにより大人の食指も動いた）。Ｗｉｉは明らかに上流に戻って成功した。

以上のように、上流に戻ることによって我々はさまざまなことを学べる。ところで、そもそも上流とはなんだろう――まさに『なんでだろう』だが、上流を違う視点、違う言葉で考えてみよう。文字通りの上流――上の流れ、基の流れ、ほかにも初恋、基礎力、生まれた場所、一年生、みんな上流である。何かしらの問題に立ち向かうとき、下流の現象にとらわれるのではなく、上流を振り返ることだ。線を引き直せばいい。序章でも述べたように、新しさは過去にある。これぞ温故知新。だからこそ私はこう言う――上流に戻れ。

第14章

遅刻のマーケティング
～時間のマーケティング～

人生に挑戦するのに年齢なんて関係ない。

もともとこの世には時間などない。

それは人間が勝手に作ったものだ。

私は時計師だからそのことがよく分かる。

――― フランク・ミュラー ―――

【引用文献】
『BRUTUS　588号（2006/3/1）』（マガジンハウス）

なぜ遅刻はいけないことなのか——その理由を突き止めるのが本章の目的である。小学校、中学校、高校、大学、企業、あるいはアルバイト先、誰かとの待ち合わせなど、決められた時間にその場にいなければ、遅刻とみなされる。恋人同士であるならば、デートの待ち合わせにどちらかが遅れてきても一方が「今来たところ」と寛容な態度を取れるかもしれないが、ほかの場面ではそうはいかない。

私の授業では遅刻する学生はそれほど多くないが、ときどき遅れてやってくる学生もいる。大半が申し訳なさそうな顔をして入ってくるのでつい許してしまうものの、遅刻とは本来許されざるべきことなのである。私は朝の九時一〇分から始まる一限目の授業を受け持っている。なんのことはない、小学校や中学校、企業ではむしろ遅いくらいの時間帯だが、いかんせん大阪芸術大学というのは大阪府南河内郡河南町の風光明媚な場所、まさしく山の上にあり、入り口に三五度くらいの天国に通じているかと思わせるような坂がある。聞くところによれば古墳を切り崩してその上に建てたのだとか。天王寺（あべの橋）駅から最寄りの喜志駅まで三〇分、さらに喜志駅からバスで一五分かかる。滋賀県や和歌山県や兵庫県などから片道二時間、あるいはそれ以上もかけて毎日通学してくる学生もいる！　もはや参ったと感服するしかない。そういう学生は一日四時間電車に乗っていて、一カ月だと単純計算して一二〇時間、つまり五日間。一年間（授業のある三〇週間）だと八四〇時間、三五日間も電車に乗っていることになる。いやはや、毎日の積み重ねとは恐ろしいものだ。だからこそ、毎日こつこつやるというのが大事だと言われるのも理解できる。そういった理由と、熱心な学生が多くてバスが非常に混むという理由から、一限目は九時一五分頃に始めることにしている。

それでも遅れてくる学生がいる。教室には大勢がいるので彼らは声に出して謝りはしないけれども、これが少人数のゼミだったら謝っていることだろう。さて、遅刻した人はいったい誰に謝っているのか。この疑問が私たちを結論へと導いてくれる。

ところで、あなたは九時頃というと何時をイメージするだろうか。次頁の図にあるように、①だと八時四五分から八時五五分、②だと八時五五分から九時五分、③だと九時から九時一〇分としてあるので選んでほしい。私の授業は③である。学生たちにアンケートを取ったところ、①と③が同じくらい(二〇人前後)で、②が圧倒的に多かった。

ではそれを前提にして、258頁と259頁の図を見てもらいたい。これをもとに、九時開始予定の打ち合わせが始まるまでをシミュレートしてみよう。まず八時二〇分にAさんがやってくる。ドアの鍵を開けて、明かりをつけて、ペットボトルのお茶を飲んで小休止。次に八時三〇分にBさんが来る。自分が一番早いだろうと踏んでいたBさんはAさんが先にいたことに驚きつつもあいさつを交わして、お喋りを始める。八時四〇分にはCさんが入室。八時五〇分になるとDさんが来て、あいさつがいくつも飛び交う。ちなみにDさんは打ち合わせに参加するメンバーの中で最も地位が高い。そして当

初決められていた九時ちょうどにEさんが来た。しかし、面々はまだFさんとGさんが来ていないので待とうということになる。というのも、大切な資料をGさんが持ってくる手はずになっていたからだ。九時一〇分になってやっとFさんがやってくる。Dさんに向かって謝りながら入ってくるFさんを、一同は笑顔で受け入れる。けれど、Gさんが一緒ではないことを知り、五人はがっくり肩を落とす。そして九時二〇分になって、ようやくGさんが登場する。案の定、Gさんは開口一番に遅刻を詫び、Dさんが許したところで全員に資料を配布し、さっそく打ち合わせが開始された――。

謝ったのはFさんとGさんだ。なぜなら、二人とも九時を過ぎてから到着したから。もちろん謝るべきだし、謝らなければ雰囲気が悪くなって打ち合わ

A～Gの時間軸

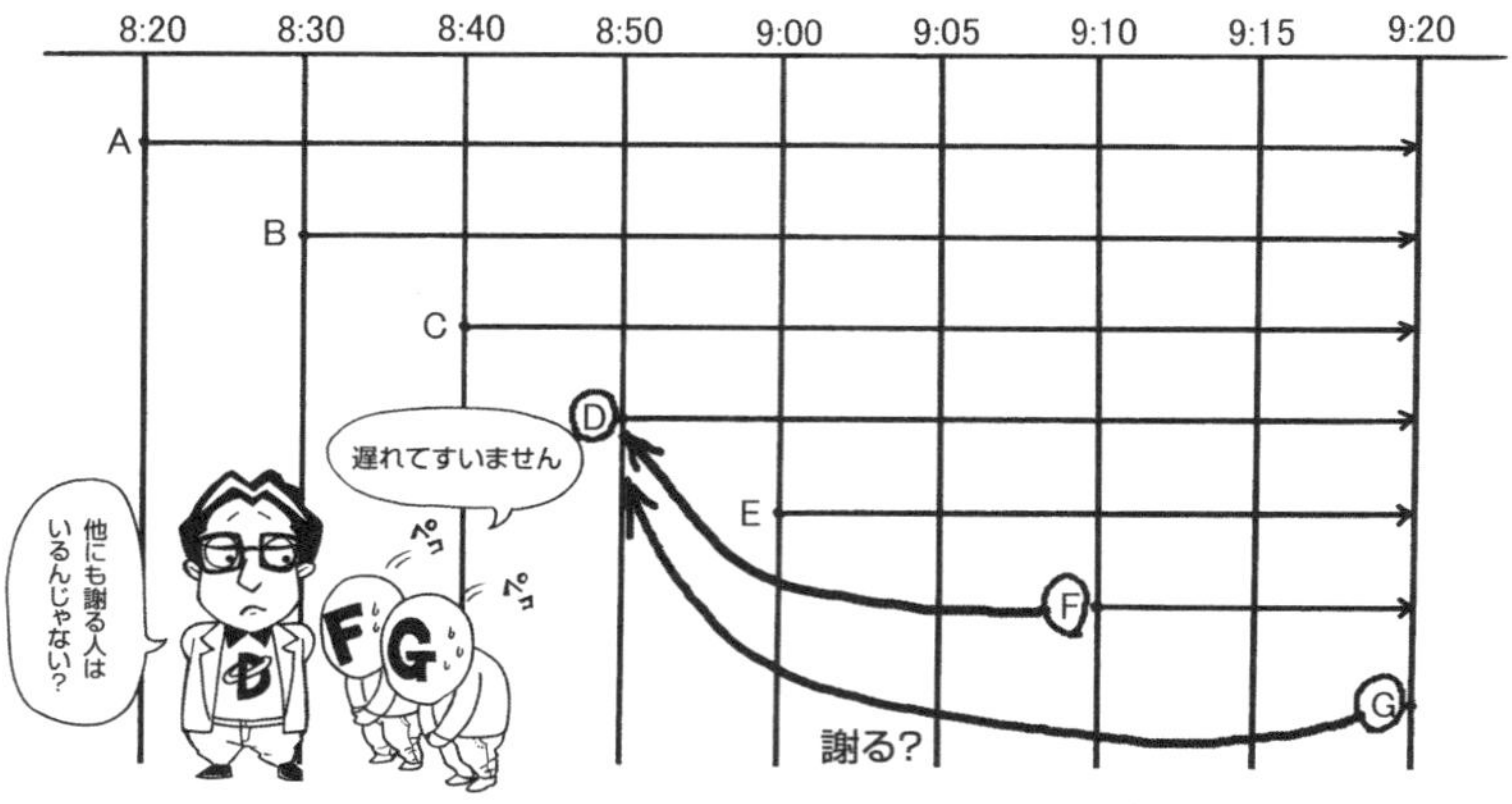

せもはかどらないだろう。しかし、ＦさんとＧさんは誰に謝ったのか。Ｄさんに謝っている。なぜなら、Ｄさんが上司だからだ。遅刻した生徒が先生に謝るように、ＦさんとＧさんも自分より地位の高いＤさんをお待たせしたから謝ったのである。これは正しい謝罪か。いやいや、そんなわけがない。加えてＤさんの態度も間違っている。あなたなら、この七人の中で最も偉いのは誰だと思うだろう。そう、一番偉いのはＡさんだ。誰より早く会議室に来て、準備をしていたのだから。

この場合に最も得をしたのは誰だろう。言うまでもなくＧさんだ。二〇分も遅れてきたのに、それが打ち合わせ開始時刻になってしまったのである。もし九時ちょうどに打ち合わせが始まっていたとしたら、そのときは待ち時間のないＥさんが最も得をす

A〜Gの時間軸に9時までの時間をプロットしたもの

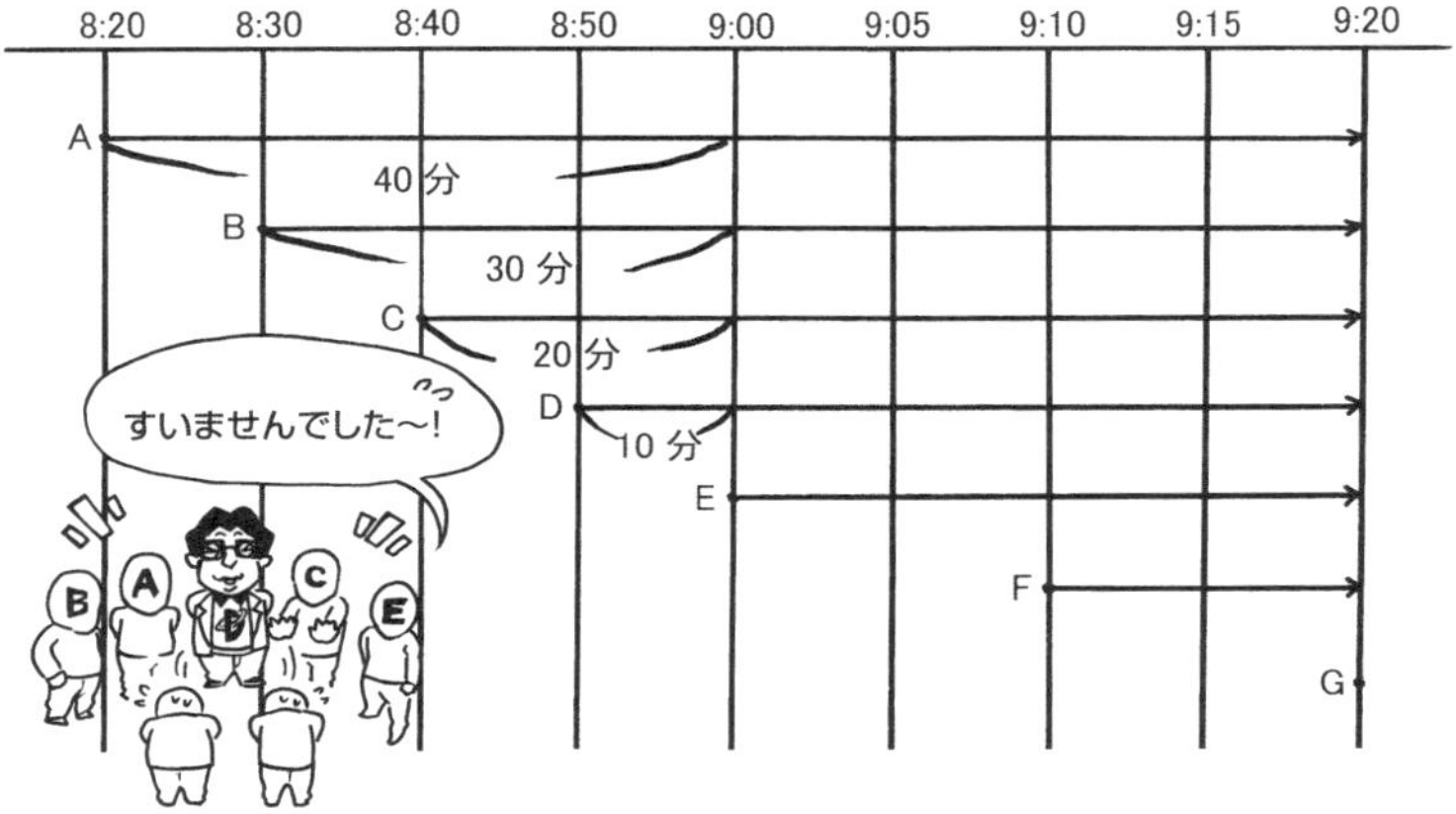

る。そして当然、遅れてきたFさんとGさんが損をする。私が前述の一限目の授業をするとき、そういうことを心がけている。つまり、遅刻する学生が損をするような授業をしている。要するに、開始と同時にその日最も重要な事柄を教えるのである。意地悪だろうか？　まさか。正当な行為だ。Dさんが間違っていたのは、Gさんを待つことにしたことと、あたかも自分が遅刻を謝られる立場にいると勘違いしていたことである。

至極当然の結論が導き出されそうだ。Aさんは六〇分も待った。Bさんは五〇分、Cさんは四〇分、Dさんは三〇分、Eさんは二〇分、本来なら遅刻したFさんですら一〇分。皆、それだけの貴重な時間を無駄にしてしまったわけだ。FさんはGさん以外に、Gさんは全員に謝らなければならないのである。上司であるDさんにではない。そこを勘違いしてはいけない。

遅刻した人は、先に来ていた人に謝る必要がある。「あなたの大切な時間を無駄にしてしまってすみません」と。そして損をすべきは遅刻した人であって、先に来ていた人ではない。もしあなたが打ち合わせや会議の議長をやることがあれば、絶対に定刻どおり始めてほしい。それこそが自分の時間を削ってまで早く来た人たちに対するマナーであり、敬意の形なのだから。

なぜ遅刻がいけないことなのか。それはほぼすべての人が不十分であると考えている大切な二四時間の一部を無駄にしてしまうことがあるからだ。ということは、あなたが遅刻したら、他人の二四時間はもらえないと覚悟しておくべきである。そうなれば、発想力は大幅に低下していくことになる。もし社内に遅刻常習犯がいたら、遅刻が損をする行為であり、発想力のない人であると思われる行為であると徹底的に思い知らせてやろう。十分余裕を持ってやってくるあなたには、その権利がある。

フランク・ミュラーが言うように、時間は人間が作ったものだ。なればこそ、人間がきちんと管理しなくてはいけないのである。

コラム

すばらしき皆勤賞～金本知憲選手への賛辞～

あなたは小学校と中学校の義務教育期間を全くの無遅刻無早退無欠席で通学できただろうか。

各年度で一回か二回の皆勤賞をもらった人は多いかもしれないが、小中学校合わせて九回の皆勤賞、つまり九年間、無遅刻無早退無欠席を続けられただろうか。

これは現実味のない質問に思える。しかし、それ以上のことをやり遂げたプロ野球選手がいる。阪神タイガースの金本知憲選手である。彼は広島東洋カープに在籍していた一九九九年七月二一日から(二〇〇三年に阪神タイガースにFA移籍)、二〇一〇年四月一七日までシーズンの一試合も欠場せず、また試合途中で交代もせず、フルイニング出場を続けた。そして前人未到の一四九二試合連続フルイニング出場という、けっして破られることがないであろうと思わせる世界記録を打ち立てた。

私は金本選手に対して尊敬以外の念を持ちえない。なぜなら、「休まないこと」は簡単に見えてとても難しいことだからだ。もし病気にかかれば、怪我をすれば、誰しも「しょうがない」と休んでしまう。それが必ずしも悪いとは言わないが、金本選手はそんなふうには考えていなかっただろう。病気や怪我をしない強靭な体を持つにはどうしたらいいか、と常に考えていたに違いない。

だが、そんな彼でもデッドボールを受けて骨折という大怪我を負ってしまったことがある。そのとき一言も言い訳をせず、怪我に向き合い、怪我に打ち克ち、自分に勝ち、そして試合にも勝った。しかし、二〇一〇年度前半に負った右肩の怪我はあの鉄人・金本知憲をしても重傷だった。思うような結果を残せず、成績は低迷していた。周囲からは「休んだほうがいい」という声が大きくなりつつあった。けれども、彼は試合に出場し続けたのである。芳しくない成績を見られたくないと思っていたはずだ。しかし、彼は休まなかった。

いったい何が金本選手を突き動かしていたのだろうか。その理由はいくつかあるだろうが、彼は王貞治氏との約束を守り通したかったのだという。王氏は彼に「二五〇〇試合まで頑張ってくれ」と言った。なぜなら、金本選手が出場し続ける姿そのものが子供たちにとって最高の教材であり、教育になるからだ。「休まないこと」を実践し続ける。その姿が、子供たちの目に憧れとして映らないはずがない。

金本選手には阪神タイガースを優勝に導くという大きな目標がある。だからこそ、彼は勝つためにスターティングメンバーから外してくれと自分から真弓監督に申し出たのである。

そして連続フルイニング出場の記録が途切れた。インタビューで、彼は王氏との約束を果たせなかったことに対し「すみませんでした」と口にした。

私からすれば、途切れたとはいえ達成された記録のすさまじさには感服するほかない。謝る必要などどこにもない。いったい皆勤を何年も続けることができている人が世界中にどれくらいいるだろうか。金本選手の記録は問答無用ですごい。だが、表面的に「すごい」とだけ感じるのではなく、もっともっと違うことをたくさん感じてもらいたい。

その最たることこそ、皆勤のすばらしさである。私はあなたに問いたい。くだらない言い訳をして、あるいは自分の体調管理の失敗を理由にして遅刻したり早退したり欠席したりすることをどう思うか、と。二日酔いだから、昨晩遅くまで仕事をしたから、ちょっと風邪気味だから——理由はいくらでもある。「休まないこと」なんて当たり前のはずなのに、私たちはそのことをどこか忘れてしまってはいないか。なればこそ、私たちは金本選手の姿から「休まないこと」の大切さを思い出さなければならない。そして改めて学ぼうではないか、「休まないこと」が当たり前であると。

何かが途切れたときに話題が生まれるというのは悲しいことだ。できるなら、私は金本選手の記録が継続されているときに皆勤のすばらしさを指摘できる自分でありたかった。

金本選手の記録が途切れたことは本当に残念でならないが、たった一つ慰めを見出すならば、それが四月の半ばだったということである。年度初めの四月というのは、日本においては社会人や学生にとってのいわば正月である。彼らに皆勤の意識づけをするには最高の時期だ。まさしく、金本知憲という偉大な人物からの贈り物である。彼に捧げるべきものは記録よりチームを優先したという英断への評価ではない。すばらしき皆勤賞である。

第15章

イメージのパニック

～仕事のマーケティング～

物事をするにはできるときにスグヤルのがいちばん。
それもたのしくやることだ。
唄をうたって、働いて、考えて、計画を立てる。
不幸なやつは、なまけもの。
働き者は、しあわせよ。

――― ジョニー・スグヤール ―――

【引用文献】
『オズへつづく道』ライマン・フランク・ボーム著、佐藤高子訳（早川書房、1986年）

仕事に圧倒されるコック
せく
あく
COOK
仕事が多すぎるという
イメージのパニックに
陥ってるね！

コックが一人、厨房にいる。もうすぐ昼になるが、普段からそう客の多くないレストランなので、忙しくなるとは考えてもいない。フロアでは一人の店員があくびをし、暇をもてあそんでいる。そんなところへ、なぜか突然ぞろぞろと客が入り出した。店員は大慌てで客をテーブルへと案内した。順に注文を取り、コックにメモを渡す。コックはそのメモを見て途方に暮れてしまう。店員が作りやすいようにと料理の種類ごとに注文をまとめてしまっていたのである。おまけに品数の多いこと！　加えてそれぞれの注文に細かい指定がされてある。キュウリ抜きやアルデンテ、ご飯大盛り……。コックはめまいを覚えた。客の誰もが満足することなく帰っていったのは言うまでもない。

さて、もしあなたにこれと似たような状況に思い当たる節があれば、私はうれしく思う。これから述べることを説明しやすいからだ。とはいえ、きっと誰にでもこのコックのような経験があるだろう。仕事という言葉を使えば、いよいよ趣旨がはっきりしてくる。あなたは洪水のように押し寄せてくる圧倒的な数の仕事に目を回したことがないだろうか。

多くの人がこうした数のイメージに圧倒され、パニックに陥る。質の高い仕事をしなければならないのにあれをやったりこれをやったりとつまみぐいのようにあらゆる仕事にちょっとだけ手をつけて、結局は完遂することができず、締め切りに間に合わない。こうなるともう悲惨を通り越して凄惨であり、大変な目にあうこととなる。そうならないためにはどうすればいいか、ということを述べていこう。

最も大事なことはプライオリティを設定することである。日本語では優先度というが、なぜかプライオリティという言葉が一般に浸透しているので、私もこれに従う。しかし、問題はその基準だ。いったい何をもってこれが一番、あれが二番、それが三番とすればいいのか。高い質を要求される仕事やすべきことの多い仕事を優先すべきか。そうではない。仮にそういう基準でプライオリティを設定すると、いくつかの仕事は締め切りを過ぎてしまうだろう。そう、私は締め切りを基準にプライオリティを設定すべきだと主張する。

すべての仕事が同じ締め切り日であるはずがない。まずは今抱えている仕事をすべて書き出してみる。これだけでずいぶんと気持ちが楽になるだろう。いや逆に数に圧倒されてプレッシャーがかかってしまうかもしれない。しかし、安心してほしい。ここでは自分の仕事を全体的にチェックしているだけなのだから。自分がやるべき仕事を可視化するというのは非常に有効な手段で、実践するのも簡単だ。人間は視覚の動物なので、視覚的に把握することに何より安心感を抱くものだ。だが、それだけでは全く足りない。仕事を書き出す際、きちんと締め切り日も一緒に書き出さなければならない。そして、締め切り日が近いもの同士をまとめていく。今すぐやるべきもの（即）、早めにやるべきもの（早）、それほど急がないもの（並）、しばらくは余裕があるもの（遅）、という具合にまとめてもいいし、ある締め切り日を中心にして分けてもいい。

そうしたら、それぞれの中でもプライオリティを設定していく。今度はより簡単なものから順に番号を振っていくといいだろう。これで、あなたが今抱えているすべての仕事にプライオリティが設定された。あとはこれを順番にやっていけばいい。ただし、つまみぐいは厳禁である。一つずつを完全に終わらせていく。確実に仕事の数を減らしていこう。簡単な仕事をさっさと終わらせれば、難しい仕事、すなわち高い質を要求される仕事やすべきことの多い仕事にゆっくりと取りかかれる。

私は本章において数、量、質、時間をはっきり区別している。これらをごちゃ混ぜにしていると、ものを考えるときに混乱してしまうからだ。数と量というのは特にややこしく区別しにくいが、英語だとわかりやすいかもしれない。数はｎｕｍｂｅｒ、量はｖｏｌｕｍｅだ（質のｑｕａｌｉｔｙとの対比で

quantityも一般的である）。料理を例にすれば、数は品数、量は並盛りや大盛りというイメージで捉えると把握しやすいだろう。仕事そのものをマーケティングするとき、この四つの視点は基本になる。

もっと根本的なことは、仕事をなるべく作らないということである。これは作らなくて済む仕事は作るな、つまり、その場で終えてしまえという意味だ。例えば一〇人で会議をやったとしよう。その一回では意見がまとまらず、二回目の会議をすることとなった。仕事を作る人というのは、次の会議の日時をあとで決めようとし、結果として自分以外の九人全員のスケジュールを個別に尋ねて調整しなければならなくなる。これはあまりに面倒で、無駄で、余計な仕事を作ってしまっている。最初の会議が終わったとき、一〇人がそろっているときに次の会議の日時を決めればいいではないか。そうすれば、あとで調整するよりはるかに簡単で、時間も取らない。仕事を作ってはいけないとはこういうことである。今やればいいのにあとへあとへと回すと、仕事というものはどんどん溜まっていく。そうして、イメージのパニック（すなわち仕事量や仕事数のパニック）へと陥るわけだ。

「今日できることは今日やれ」。この一言に尽きる。「明日やろうは馬鹿野郎」と韻を踏んで警鐘を鳴らしておく。だが、赤塚不二夫氏の言葉のように、「明日できることは明日やれ」。これは明日でも間に合うことは明日でいいという意味で、今日しなければ間に合わないことは今日やれという意味だ。今日できることは今日やれ、明日できることは明日やれ、これらは同じ意味なのである。

とにもかくにも、仕事を数だけで見てはいけない。まず締め切り、つまり時間で見るべし。これもまさに発想・ものの見方にほかならない。時間という概念は、私たちにとって強力な武器である。諸刃の剣でもあるのだが。もう一つ加えておくと、仕事のできる人とは「忙しい忙しい」とたくさんの仕事に追われている人ではなく、仕事を作らない人なのである。あなたの周りにも残業などに追われずに仕事をバリバリこなしている人がいるだろう。そういう人こそ仕事を作らない「できる人」なのだ。

第16章
比較ありき

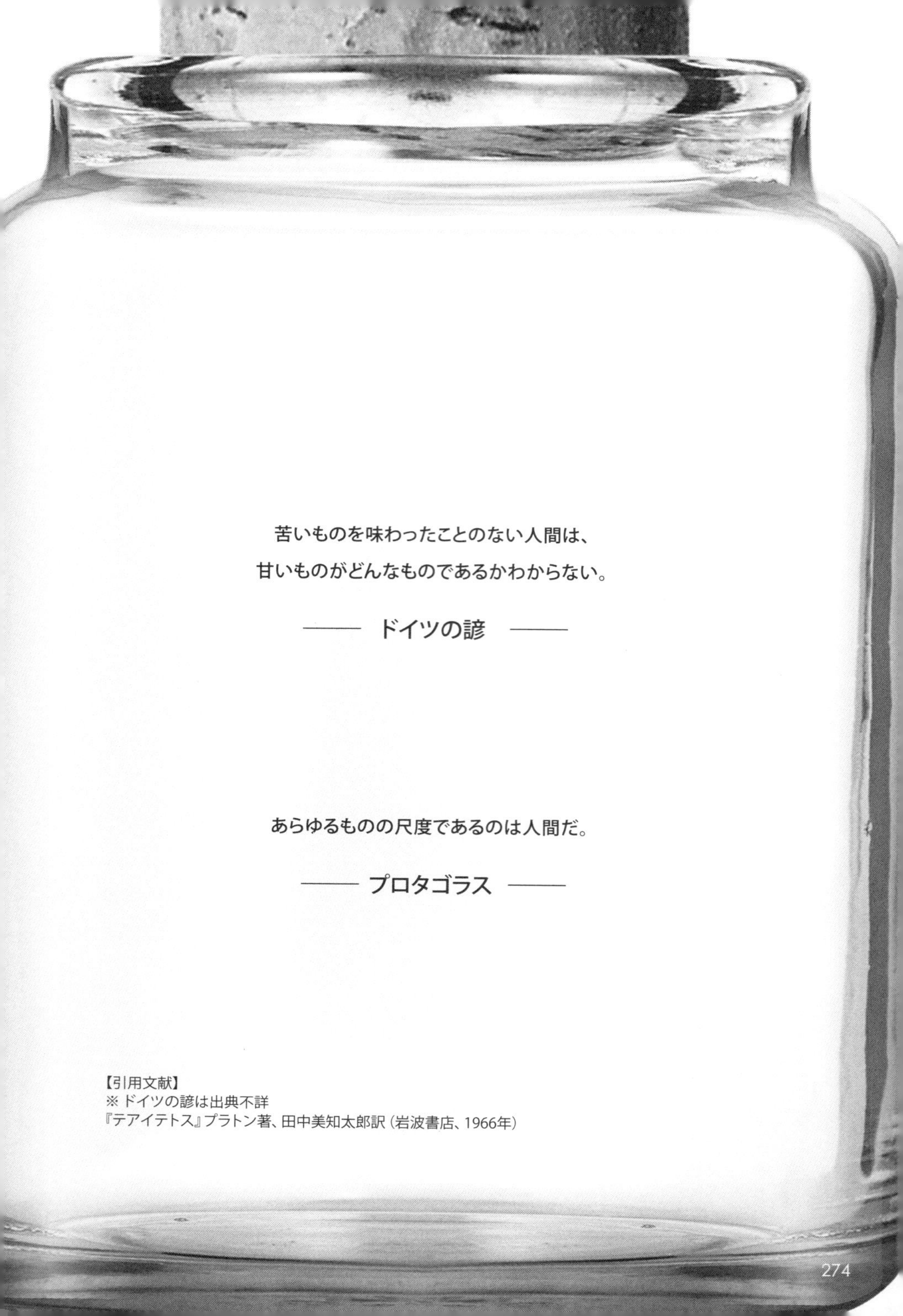

苦いものを味わったことのない人間は、
甘いものがどんなものであるかわからない。

―― ドイツの諺 ――

あらゆるものの尺度であるのは人間だ。

―― プロタゴラス ――

【引用文献】
※ドイツの諺は出典不詳
『テアイテトス』プラトン著、田中美知太郎訳（岩波書店、1966年）

本章は「物事は比較してみないと決まらない」という言われてみれば当り前の話である。この当り前のことが結論であって、最後のほうでほかに何か目新しい提示もない（つまり今までみなさんに伝えてきた新しい視点・違う視点を用いて比較を捉えているだけである）。ぜひとも頭を柔らかくして、気軽に、創造力たっぷりに読み進めていってもらいたい。

まず次に挙げる例集を見ていこう。

赤ちゃんは小さい。力士は大きい。
甲子園は広い。東京ドームは狭い。
日本の夏は暑い。日本の冬は寒い。
広辞苑は厚い。新書は薄い。
人類の歴史は短い。地球の歴史は長い。
自動車は高い。ミニカーは安い。

等々、キリがないのでこのへんで。これらはいったいなんなのか。優れた感性を持ち、発想法について学んできたあなたならば私の言わんとすることはおわかりだろう。いずれも誰もが納得しうる、当たり前のことである。異論があるとするなら東京ドームに関することだと思われるが、ただの外野フライがホームランになるのはここくらいだ！　そんなことに目くじらを立てても仕方がない。次に挙げるのは私が考え出した例集である。

赤ちゃんは大きい。力士は小さい。
甲子園は狭い。東京ドームは広い。
日本の夏は寒い。日本の冬は暑い。
広辞苑は薄い。新書は厚い。
人類の歴史は長い。地球の歴史は短い。
自動車は安い。ミニカーは高い。

これでは矛盾している、しっちゃかめっちゃかではないか、と思うことなかれ。私は胸を張ってどちらの例集も成立すると断言する。なぜか？　少しばかりいやらしい順番で例示していったことは告白するが、そんな目先のトリックに騙されてはいけない。おそらくあなたは最初の例を「赤ちゃん――力士」「甲子園――東京ドーム」というように比較したのではないか。これは一つの見方として正しいし、私

赤ちゃん、アリ、マイクロチップの比較

が使ったトリックはそういう見方に誘導するように仕組まれていた。あなたは前後の例を比較して、付属する形容詞の正しさを判別したのだろう。

ところが、次の例集では形容詞が入れ替わってしまっていて、一見矛盾している。しかし、前後の二個ずつで比較したのはあなたの勝手である。きちんと個別に見ていってほしい。「赤ちゃんは大きい」という例は間違っているだろうか。赤ちゃんはアリより大きいと考えるのは私だけではないはずだ。力士はゾウより小さいし、甲子園は兵庫県より狭い。さらに言えば、アリはマイクロチップより大きく、ゾウは駅より小さい。兵庫県は日本より狭い。人類の歴史（約七〇〇万年）は現代日本人の寿命（約八〇年）からすれば長いが、生命の歴史（約三八億年）や地球の歴史（約四六億年）に比べればはるかに短く、地球の歴史は宇宙の歴史（一四〇億年）と比べればまだまだ短い。自動車は家より安いし、ミニカーはジャガイモより高い。

赤ちゃんの大きさはほかの何かと比較しなければ決まらず、甲子園も、広辞苑も（適当に選んだのに甲子園と音が似ている）そうである。これこそ「物事は比較してみないと決まらない」という主張を証明している。個別に「○○が大きい」「□□は長い」と言ってみても、全く意味がない。いったい何と比較してそうなのか、はっきりさせるべきだろう。

日本語と英語の大きな違いの一つとして、日本語には比較級がない。それがｔｈａｎの視点を欠けさせる原因なのかどうかは定かでないとしても、日本語に比較級がなかろうが今ここでｔｈａｎの視点を得ればいいだけの話だ。もしこの比較のための視点がなければ、例えば熱帯地域の季節にはちんぷんかんぷんになる。というのも、熱帯地域には季節が三つある。ｈｏｔ（暑い）、ｈｏｔｔｅｒ（もっと暑い）、ｈｏｔｔｅｓｔ（死ぬほど暑い）と。この視点は非常に面白い。日本人の感覚からすれば「暑い」の一言で表現してしまいがちだが、ちゃんと暑さを区別しているというわけだ。

自分が手がけた仕事で、携帯電話の新機種（小ささが売り）を広告するというものがあった。広告を載せるのはかつての『ＴＶガイド』（東京ニュース通信社）。ピンときた。携帯電話を実寸で掲載すればい

いのだと。後日、今度は大型テレビの広告の仕事が入った。またも『ＴＶガイド』である。迷うことはなかった。同じ手法でやればいい。私は雑誌に折りたたみの広告を入れた。テレビの実寸大である。これはなかなかインパクトがあった。携帯電話もテレビも、とても小さくてコンパクトな雑誌『ＴＶガイド』と比べることで初めて、その小ささや大きさがわかるのであり、なおかつ強調されるわけだ。雑誌だからこそできた、実感の伴う広告だった。比較が商品の特徴を際立たせたのである。

　比較するときに、基準をそろえることを忘れてはいけない。一〇〇メートル走と一〇〇ヤード走のタイムを比べたところで優劣などつけられようか（一ヤードは約〇・九一四四メートル）。距離がメートルという単位で統一されているからこそ、私たちはオリンピックで盛り上がることができる。重さにしても、国際的にグラムという単位で統一されている。習慣的にヤードやポンドなどの基準を用いている国や地域はあるが、少なくともメートルとグラムは通じる。その統一された国際基準があるがゆえに、ほかの要素（タイムや値段など）での比較に意味が生じる。距離の基準が同じであればタイムを競うことができる。重さの基準が同じであれば値段を比較することができる。値段、すなわち貨幣の価値を比較するときもそうだ。一円と一ユーロ、一ドル、一元はそれぞれ価値が違うため、いずれかの貨幣単位に換算しなければ比較できない。

さて、物事は比較してみなければ決まらないという主張は納得してもらえたと思う。大事なことは心の中によいものさしを持つことだ。何かを比較しようとするとき、最低限の基準をそろえ、正しく比較しなければならない。赤ちゃんの大きさを原子のサイズから語ることにどんな意味があるだろうか。ものさしの目盛りがおかしければ、比較も無意味である。

終章

おさらい

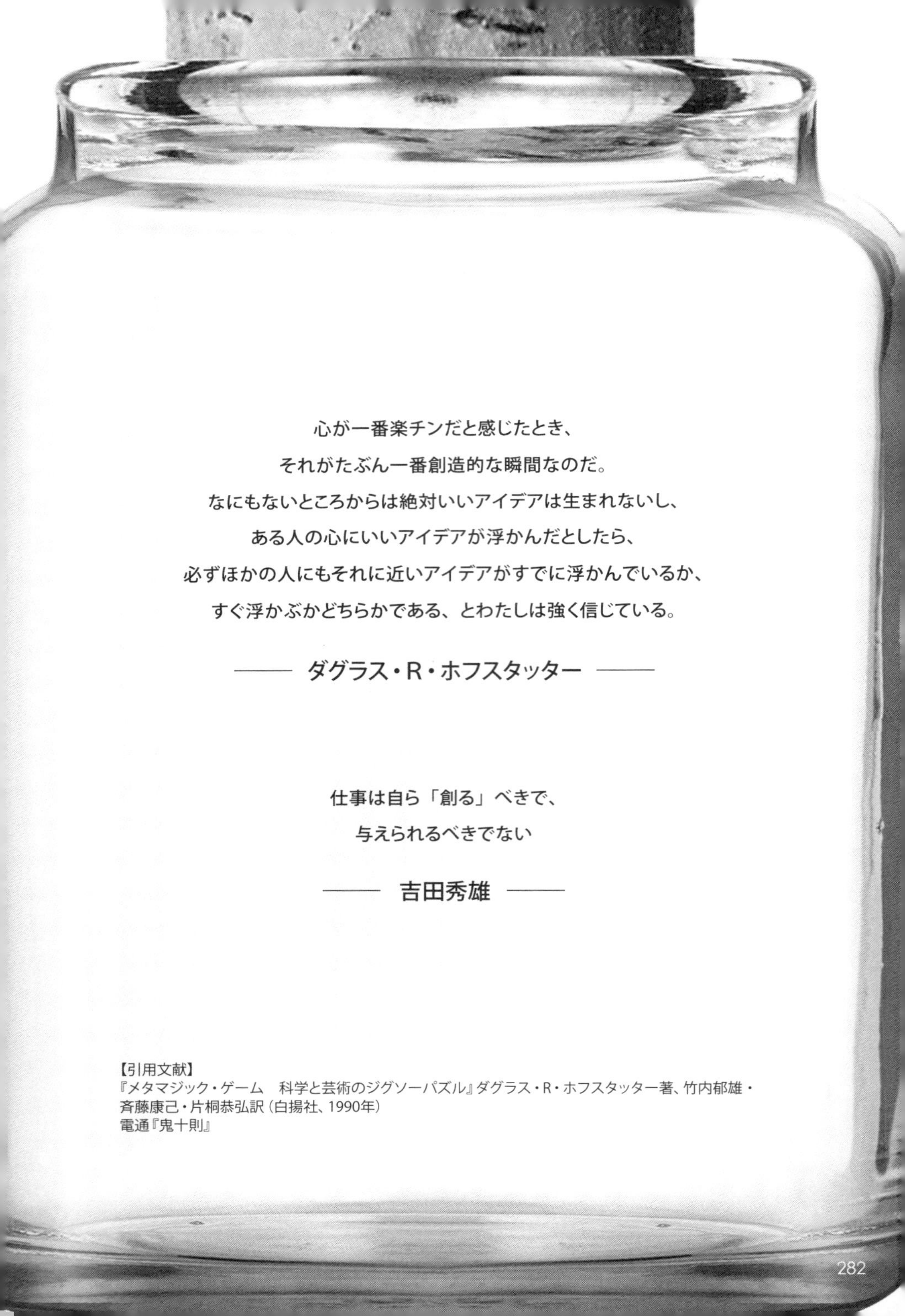

心が一番楽チンだと感じたとき、
それがたぶん一番創造的な瞬間なのだ。
なにもないところからは絶対いいアイデアは生まれないし、
ある人の心にいいアイデアが浮かんだとしたら、
必ずほかの人にもそれに近いアイデアがすでに浮かんでいるか、
すぐ浮かぶかどちらかである、とわたしは強く信じている。

―― ダグラス・R・ホフスタッター ――

仕事は自ら「創る」べきで、
与えられるべきでない

―― 吉田秀雄 ――

【引用文献】
『メタマジック・ゲーム　科学と芸術のジグソーパズル』ダグラス・R・ホフスタッター著、竹内郁雄・斉藤康己・片桐恭弘訳（白揚社、1990年）
電通『鬼十則』

目が覚めたとき。歯磨きをしているとき。道を歩いているとき。満員電車で押し潰されそうになっているとき。その圧迫から解放されたとき。食事をしているとき。あくびをしたとき。夕陽を見たとき。溜め息をついたとき。夜空を見上げたとき。風呂に入っているとき。眠ろうと目をつむったとき。私たちの心は、突如として翼が生えたかのようにふわりと浮かび上がることがある。それは快感に満ちた糖蜜のようで、一度味わったら忘れられない。古代ギリシャの数学者、アルキメデスはその糖蜜を舐めたとき、こう叫んだという。「見つけた！《ユリーカ》」。

優れた発想や面白いアイデアは、前触れもなくやってくる。だが、私たちはそれが会議室でホワイトボードとにらめっこをしているときや、ペンを片手に書類やノートを恐ろしい形相でにらみつけているときにはほとんどやってこないことを知っている。ほしいほしいと強く望んでいるときには何も思いつかない。ところが、ちょっと気を抜いた瞬間や先に挙げたような何気ない日常の一瞬に、なぜかアイデアは間隙を縫うように脳裏に滑り込んでくる。思い浮かぶという意味で、ひらめきと言ってもいい。そしてこの言葉のもう一つの意味は、鋭く光ることだ。アイデアは束の間だけ輝く流れ星のようなものである。見たいと思って夜空を眺めていても、きっと願いは叶わない（流れ星に流れ星が見たいとお願いするのは倒錯的だ）。流れ星のことなど全く考えていないときにこそ、ちらっと光の尾が目に入る。もちろんそんな星のひらめきを見逃す人もあろう。

これは第3章と第4章で述べた「気づき」に通じている。「気づき」は日常にありふれている。そこに目がいくか、いかないか。大きな分かれ目である。私は芸術的な生活、すなわち「気づき」に満ちた生活を送るべきだと説いた。本書を読み終えつつあるあなたになら、その理由を繰り返さずともいいだろう。

しかしながら、私は第7章から第11章において、偶然に任せて発想しようとは一言も言わなかった。芸術家の岡本太郎氏の有名な言葉に「芸術は爆発だ」というものがある。要するに、この爆発を人為的に起こすための方法を示した。第15章で明らかにしたように、仕事にはたいてい締め切りが存在する。締め切りは偶然の爆発を待ってはくれない。いずれの発想法も、アイデアが生まれない状況でこそ活躍する。だからこそ、アイデアを偶然任せにせず、ほしいときに生み出すことができる。

第7章ではうんうん唸りながらともかく思いつく限りのことを書き出す「チャネル変換型発想」について述べた。まさに書類やノート、ホワイトボードをにらみながらの作業である。一つひとつの単語は面白みも洞察もないかもしれないが、バナナのCMが証明しているように、私たちは短い言葉をいくつか組み合わせるだけで豊かな想像の世界に羽ばたくことができる。

第8章では的確に状況を設定し、その中で必然的な行動を導き出す「5W1H発想法」を説明した。自問する訓練をしていないと「あなたならどうするか」という問いを動詞での答えが求められているように考えてしまう。しかし、それは間違いだということがわかった。行動は状況によって決まる。状況なくして行動なし。

第9章では相手やその意見を否定せず、むしろそれを利用して市場を語り、そのうえで自分をアピールする「Yes、but発想法」を解説した。第16章でも述べたが、この方法の要点は比較である。自分の案が優れているかどうかは、ほかのものと比べなければならない。そのとき、ほかの案を否定すれば、低次元での争いになりかねない。対案が高いレベルにあると評価し、しかし、自分の案はそれ以上だと主張するわけだ。ただし、自分の作れる最高の案がなければ通用しない。

第10章ではあらゆる物事からポジティブを引き出す「ポジティブシンキング」という一つの態度、姿勢を述べた。面白いアイデアとは無縁といわれる悪名高い会議室であっても、本書の発想法を用いればすばらしいものが生まれうる。

第11章では失敗を成功と同じように大切にする「引き算発想」を自己目標設定という具体例のもとで解説した。もしあなたが流れ星を一つ見ることができたとしても、それは数えきれないくらいの流れ星がきらめいているうちのたった一つにすぎない。あなたは（もちろん私も）日頃どれだけの流れ星――すなわちアイデアを見逃しているか、心に染みたと思う。だが、逆に言えば、私たちは目を凝らせば夜空にいくらでも流れ星を見つけられるということだ。

これらの発想法はあなたに基礎力をつけてくれる。そこに猛烈なパッションが乗っかってこそ、面白いアイデアに命を与えることができる。さらに、パッションは他人に伝染する。これが第1章での教訓だ。そしてパッションを継続させること。夢や目標は、今日明日には達成できない。第6章で私が言ったのは、長期的な、将来的な夢や目標のことである。ただ、短期的な目標をたくさんこなしていくことで達成感を得るのもよいことである。

画一的な生活にユリーカはやってこない。ゆえに、芸術的な生活を送らなければならない。といっても、私たち一人一人の時間は限られているのだから、他人から二四時間をもらうことも忘れずに。第2章と第3章がいかに大切であったか、改めてわかってもらえたことだろう。

長いようで短かった旅は終わろうとしている。最後に一言加えておきたい。勉強や訓練のために紙とペンを使うのは構わない。だが、とっさにアイデアを思いつく能力こそが優れているということも覚えておいてほしい。例えば面接試験で5W1H発想法が有効そうな質問をされても、いちいち状況を書き出していては駄目だ。頭の中で、まさしくひらめくように答えを出す必要がある。あるいはプレゼンをするとき、クライアントの質問にぱっと答えられなくては意味がないし、別の企画案はないかと尋ねられたらそれがなかったとしてもその場で作り出して答えなくてはならない。瞬発力が重要だが、それは訓練をすれば自然と鍛えられる。一瞬で状況を設定したり把握したりすることも、ポジティブを見つけ出すこともできるようになる。悲観することはない。序章を振り返ってみれば、あなたは知らないこと——発想力を鍛える方法を知った。それは新しいことであり、すばらしいことだ。しかし、これからも鍛え続けるかどうかはあなた次第だ。そこは私が関与するところではない。私にできるのはささやかながら、方法を述べることだけである。

私はこれまで発想し続けてきたからこそ仕事に恵まれ、人に恵まれ、家族に恵まれ、生きてこられた。そして、そんな環境でいつまでも発想し続けたいと願っている。本書によってその秘訣を少しでも伝授できていれば、より多くの発想力豊かな人が誕生してくれれば、筆を執った甲斐があるというものだ。

おわりに　父からのお年玉

私は二〇〇九年から二〇一〇年の年末年始を利用し、シンガポールとインドネシアへ家族旅行に出かけた。父は八〇代、母は七〇代、私は五〇代、妻は四〇代、長男は二〇代、次男と長女は一〇代である。旅行の最中、私は年末に書き上がった本書の初稿を父に読んでもらっていた。子供たちが遊んでいるときも、父は暇を見つけては原稿に目を通していた。

私たちはマーケットで三種類のブドウを買い、バーベキューをしながら食べた。ブドウはとても甘く、種がなくて食べやすかった。父も原稿を読みながらブドウを食べていた。そしてちょうどその日、原稿を読み終えた父は私を捕まえてこう言ったのである。

「どうしてブドウが甘くなったと書いてないのか」

私だけでなく、家族みんながその言葉を真面目に受け取らず、笑い飛ばした。何のことかわからなかったし、ブドウは甘かったからだ。

夜、私はホテルの部屋で父の言葉を思い返していた。いったい父はなぜあんなことを突然言ったのだろうか。本書は発想法の本で、ブドウの本ではない。ブドウなどどうでもいいではないか。そう考えていたら、はっとひらめくものがあった。

父は「ブドウが甘い」とは言わなかった。「甘くなった」と言った。つまり、父の若い頃は、ブドウは甘くなかったのである。だが、その甘くないブドウが「ブドウ」だった。私の青年時代には、ブドウはすっかり甘くなっていた。だが、まだ種はあった。「種なしブドウ」は特別なものだった。今、私の子供たちの時代、「ブドウ」といえば甘くて種がないものをいう。これはとてつもなく大きな変化だ。ブドウは甘くなったのである。

父のこの短い一言には、多くのものが詰め込まれている。過去と現在のブドウを比較しているし、まさにブドウの上流に戻ってもいる。特に私を驚かせたのは、父が「ブドウが甘くなった」というとても簡単な言葉・比喩で説明したことだ。まだ自分に足りない大切なことを指摘された気がした。それを最も身近な人が教えてくれたということは、「答えはすぐ近くにある」ことの実例である。しかも私は知らなかったこと、自分にとって全く新しい気づきを父とのコミュニケーションによって教えてもらえた(ブドウが甘くなかったなんて、その時代を生きていない人は言ってもらわなければわからない)。

人は○が◎になる変化にはすぐ気づくことができる。しかし、○が○のままで中身だけが変化しているものにはなかなか気づかない。後者の変化に気づける人こそ「新しい人」ではないだろうか。あるものを指して「これ古いな」と思うか、「昔と比べてこう変わった」と思うか。むろん、後者が優れており、そう捉えられるようになるために本書がある。

私は授業や講演で、いつも新しいことを話そうとしている。しかし、この父からのお年玉によって、現在についてだけでなく、過去から現在へとどう変化したかを教えることこそが大事なのだと気づかされた。私たちは、誰もが過去の恩恵にあずかって生きている。そしてさまざまな年代の人たちとコミュニケーションすることで、過去はつながっていく。

この旅行は確かに家族旅行ではあったが、八〇代から一〇代までの人たちとのコミュニケーションの場でもあった。そしてまた、一番大切な答えは、いつも一緒に生活している家族、要するに答えは「自分のすぐそばにある」ことをあらためて実証する場でもあった。

一月一日　インドネシア　ビンタン島より

謝辞

自分が育った部屋から娘と一緒に富士山を見た。昔とかわらない美しさがそこにあり、しばし心を奪われた。富士山のように変わらないものもあれば、変わったものもある。生きているということはそういうことを感じることなのかもしれない。大学を卒業して電通に入社し、その後、ターゲットメディアソリューションを設立した。そして多くの人たちの24時間とかかわった。変わらないものと変わったもの、すべてが私を創ってくれたのである。

特に、出会って以来ずっと変わらずに応援し続けてくださっている、尊敬する村上龍さんには、「出版に寄せて」を寄稿してまでいただき、感謝を言葉にすることすらできません。また私がこよなく愛するサッカーの世界で日本代表として、ＦＩＦＡワールドカップ南アフリカ大会を戦う中澤佑二選手にまでも言葉をいただき、真に感激しております。

最後に、本書の出版に携わっていただいたプレジデント社の藤原昭広社長はじめ平林昭一氏、森達也氏、桂木栄一氏ほかスタッフのみなさん、フリーエディターの小澤啓司氏、デザインを手がけていただいた猪股十氏、柳原優氏、ならびに大阪芸術大学の渡部拓也さん（卒業生）、西出明弘さん・河原田瞳美さん（キャラクター造形学科）、鴨井龍一さん・恒本友梨香さん・山口かおりさん・安田恵理さん（文芸学科）に感謝します。ありがとうございました。

吉良俊彦

著者略歴

吉良 俊彦　Toshihiko Kira

大阪芸術大学芸術学部キャラクター造形学科客員教授
ターゲットメディアソリューション 代表取締役

1981年、上智大学法学部卒業後、株式会社電通に入社。クリエーティブ局、銀座第四営業局を経て、85年より雑誌局。様々なラグジュアリーブランドをはじめ各社のメディア戦略およびプロジェクト、スポーツ・文化イベントを企画プロデュース。主なものとして、リチャード・ブランソン氏（ヴァージングループ会長）との「熱気球による太平洋横断プロジェクト」、村上龍氏などと共にFIFAワールドカップ（1990年イタリア〜2002年日本・韓国）の雑誌企画プロデュース、1992年・1995年のアメリカズカップ書籍・写真集を山際淳司氏（故人）とともに企画、その他、プロアマゴルフ企画、村上龍氏とのキューバミュージック企画など多数のイベントプロデュースを手がける。
2004年、ターゲットメディアソリューション設立。「教育」「コーチング」「中国ビジネス」を3本柱として活動中であり、日本・中国で講演多数。著書に『情報ゼロ円。』『情報零元（中国版）』『「お嬢さん」が知っておきたい意外な疑問350』『ターゲット・メディア主義―雑誌礼賛―』『ターゲットメディア・トルネード』がある。
【教育】――大阪芸術大学客員教授、日本女子大学講師、文化服装学院など
【コーチング】――宣伝会議各種講座講師、エファップ・ジャポン（PR）、クーバー・コーチング・ジャパン（サッカー）、東急エージェンシー、ザ・ゴール、三光パートナーズなど広告会社
【中国ビジネス】――進出企業のメディアプランニング、北京瑞麗雑誌社のメディア戦略、カバーガールコンテストのプロデュース（協力：日本放送協会）など
●twitter（@topstms）
●http://www.targetmedia.co.jp/

1日2400時間　吉良式発想法

2010年6月24日　第1刷発行
2020年5月30日　第4刷発行

著者　吉良俊彦
発行者　藤原昭広
発行所　株式会社プレジデント社
〒102-8641　東京都千代田区平河町2-16-1
平河町森タワー
電話：編集（03）3237-3732
販売（03）3237-3731
編集担当　桂木栄一、小澤啓司（ABCpress）
装丁・デザイン　株式会社エスクジャパン　猪股十、栁原優
イラスト　河原田瞳美、西出明弘
印刷・製本　中央精版印刷株式会社

ISBN 978-4-8334-1937-6
Printed in Japan